돈 나와라 뚝딱!
경제 이야기

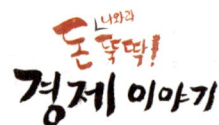

2판 1쇄 발행 2020년 10월 30일

글쓴이 전혜은
그린이 김정수

펴낸이 이경민
펴낸곳 ㈜동아엠앤비
출판등록 2014년 3월 28일(제25100-2014-000025호)
주소 (03737) 서울특별시 서대문구 충정로 35-17 인촌빌딩 1층
전화 (편집) 02-392-6901 (마케팅) 02-392-6900
팩스 02-392-6902
전자우편 damnb0401@naver.com
SNS

ISBN 979-11-6363-268-9 (74400)

※ 책 가격은 뒤표지에 있습니다.
※ 잘못된 책은 구입한 곳에서 바꿔 드립니다.
※ 이 책에 실린 사진은 위키피디아, 셔터스톡에서 제공받았습니다.

뭉치 초등 융합 사회과학 토론왕 시리즈의 출판 브랜드명을 과학동아북스에서 뭉치로 변경합니다.
도서출판 뭉치는 ㈜동아엠앤비의 어린이 출판 브랜드로, 아이들의 지식을 단단하게 만들어주고, 아이들의 창의력과 사고력을 키워주어 우리 자녀들이 융합형 창의 사고뭉치로 성장할 수 있도록 좋은 책을 만들겠습니다.

나와라 돈 뚝딱! 경제 이야기

글쓴이 **전혜은** | 그린이 **김정수**

 펴내는 글

소비가 더 중요할까, 저축이 더 중요할까?
초등학생이 아르바이트를 해도 될까?

선생님의 질문에 교실은 일순간 조용해지기 시작합니다. 인내심이 한계에 다다른 선생님께서 콕 집어 누군가의 이름을 부르는 순간 내가 걸리지 않았다는 안도감에 금세 평온을 되찾지요. 많은 사람 앞에서 어떻게 말을 해야 할까 고민 한번 해 보지 않은 사람은 없을 겁니다.

사람들 앞에서 자신의 생각을 조리 있게 전달하는 기술은 국어 수업 시간에만 필요한 것이 아닙니다. 학교 교실뿐만 아니라 상급 학교 면접 자리 또는 성인이 된 후 회의에서도 자신의 의견을 분명히 표현할 수 있어야 합니다. 하지만 어디서부터 시작해야 할지 몰라 입을 떼는 일이 쉽지 않습니다. 혀끝에서 맴돌다 삼켜 버리는 일도 종종 있습니다. 얼떨결에 한마디 말을 하게 되더라도 뭔가 부족한 설명에 왠지 아쉬움이 들 때도 많습니다.

논리적 사고 과정과 순발력까지 필요로 하는 토론장에서 자신만의 목소리를 내려면 풍부한 배경지식은 기본입니다. 게다가 고학년으로 올라가서 배우는 수업과 진학 시험에서의 논술은 교과서 속의 내용만을 요구하지 않습니다. 또한 상대의 의견을 받아들이거나 비판하기 위해서도 의견의 타당성과 높은 수준의 가치 판단을 해야 하는 경우가 많은데, 자신의 입장을 분명히 하기 위해선 풍부한 자료와 논거가 필요합니다. 「초등 융합 사회 과학 토론왕」 시리즈는 사회에서 일어나는 다양한 사건과 시사 상식 그리고 해마다 반복되는 화젯거리 등을 초등학교 수준에

서 학습하고 자신의 말로 표현할 수 있도록 기획되었습니다. 체계적이고 널리 인정받은 여러 콘텐츠를 수집해 정리하였고, 전문 작가들이 학생들의 발달 상황에 맞게 스토리를 구성하였습니다. 개별적으로 만들어진 교과서에서는 접할 수 없는 구성으로 주제와 내용을 엮어 어린 독자들이 과학적 사고뿐만 아니라 문제 해결력, 비판적 사고력을 두루 경험할 수 있도록 하였습니다. 폭넓은 정보를 서로 연결지어 설명함으로써 교과별로 조각나 있는 지식을 엮어 배경지식을 보다 탄탄하게 만들어 줍니다. 뿐만 아니라 국어를 기본으로 과학에서부터 역사, 지리, 사회, 예술에 이르기까지 상식과 사회에 대한 감각을 익히고 세상을 올바르게 바라보는 눈도 갖게 할 것입니다.

『돈 나와라 뚝딱! 경제 이야기』는 가상 국가를 만들어 경제 체험을 하는 구름초등학교 4학년 5반을 무대로 하고 있어요. 교실 정리 정돈이나 청소로 돈을 벌어 필요한 물건을 사기도 하고, 직접 사업을 벌여 다른 반과 무역도 하면서 크고 작은 경제 활동을 직접 몸으로 체험합니다. 이 책을 읽은 어린이 독자들이 경제에 관해 정확한 정보를 얻고 관련 주제의 토론에서 자신 있게 말할 수 있기를 기대해 봅니다.

편집부

차례

펴내는 글 · 4

내가 바로 어린이 경제왕! · 8

1장 구름 나라를 세우다 · 11

첫 번째 수업: 엉덩이 왕을 뽑아라!

두 번째 수업: 화폐를 만들다

토론왕 되기! 원하는 대로 돈을 찍어 낸다면?

2장 돈을 벌어 볼까? · 31

세 번째 수업: 하늘을 벌기까지

네 번째 수업: 소득을 올려 주세요!

다섯 번째 수업: 기업을 운영해 볼까?

여섯 번째 수업: 진정 캐릭개업

토론왕 되기! 초등학생이 아르바이트를 해도 될까?

3장 열려라, 구름 나라 시장 · 59

일곱 번째 수업: 소비는 합리적으로!

여덟 번째 수업: 불량품 신고

아홉 번째 수업: 세금은 꼬박꼬박

토론왕 되기! 용돈 관리 잘하는 법, 그것이 알고 싶다!

4장 데굴데굴 돈 굴리기 · 79

열 번째 수업 : 저축은 경제 발전의 힘

열한 번째 수업 : 미래를 대비하는 보험

열두 번째 수업 : 돌고 도는 돈

토론왕 되기! 소비가 더 중요할까, 저축이 더 중요할까?

5장 구름 나라, 무역을 시작하다 · 97

열세 번째 수업 : 무역을 해 볼까?

열네 번째 수업 : 은하수 나라 등장!

열다섯 번째 수업 : 착한 무역, 공정 무역

토론왕 되기! 아라비아와 무역을 했던 신라

경제 관련 사이트 · 117

어려운 용어를 파헤치자! · 118

신나는 토론을 위한 맞춤 가이드 · 120

내가 바로 어린이 경제왕!

드디어 후끈후끈 달아올랐던 전국 어린이 경제 캠프의 마지막 순서만 남았습니다.

캠프 기간 동안 가장 큰 활약을 펼친 어린이 경제왕을 발표하도록 하겠습니다.

웅성 웅성

구름초등학교 4학년 5반 이정한 학생입니다!

우와

1장 구름 나라를 세우다

 엉덩이 왕을 뽑아라!

안녕? 난 구름초등학교 4학년 5반 이정한이야.

학교 건물 3층 복도 맨 끝에 있는 우리 반은 매주 토요일마다 재미있는 경제 수업을 하기로 했어. 오늘이 첫 번째 수업이라 무척 기대가 돼! 수업 전에 우리는 먼저 우리 반을 '구름 나라'라고 부르기로 정했어. 선생님께서는 구름 나라에서 여러 가지 경제 활동을 직접 경험하게 될 거라고 하셨어.

쉿! 이제 곧 수업이 시작될 거야.

"드디어 첫 번째 시간이구나. 선생님도 너희들처럼 정말 떨리고 기대된다. 앞으로 잘해 보자."

선생님의 말씀에 우리는 교실이 쩌렁쩌렁 울릴 만큼 큰 소리로 '네!'

라고 대답했어.

"오늘은 신 나게 '엉덩이 왕 뽑기 놀이'를 해 볼까 하는데."

음, 경제 공부와 '엉덩이 왕'이 무슨 상관이지? 놀이도 경제 공부인 건가.

그나저나 '엉덩이 왕 뽑기 놀이'가 뭐냐고? 참여자보다 개수가 적은 의자를 두고 사회자가 신호를 주면 먼저 의자를 차지하는 사람이 살아남는 놀이야. 점점 의자 개수를 줄여 나가고 최후까지 남아 있는 사람이 바로 '엉덩이 왕'이 되는 거고.

"자, 이제 시작해 볼까?"

선생님 말씀에 우리 반 25명 전원은 노래를 부르며 의자 10개 주변을 돌았지. 자신이 앉을 의자를 고르면서 말이야. 긴장된 표정으로 어느 의자에 앉을까 살피는 친구부터 노래 부르기에 푹 빠져 춤을 추는 친구까지 그 모습이 제각각이라 더욱 재미있었어.

삑!

선생님의 호루라기 소리가 들리자마자 빈 의자를 차지하기 위한 경쟁이 시작되었어.

우당탕!

한바탕 소란이 끝나고 의자를 차지한 아이들의 함성과 차지하지 못한 아이들의 탄식이 섞여 나왔지. 제법 몸이 날쌘 나는 마지막 라운드까지 살아남았어. 우리 반에서 가장 힘이 센 현기와 같은 의자를 두고 경쟁

할 때는 그만 탈락하는 줄 알았다니까?

드디어 의자 1개를 두고 마지막 라운드가 시작되었어. 평소에 재빠르기로 유명한 도영이와 나, 단 둘만 남았지.

"곧 엉덩이 왕이 결정되겠구나. 두 사람 모두 왕이 될 자격이 충분하지만 그래도 최후의 승자를 뽑아야겠지? 애들아, 큰 소리로 노래를 불러 줄래?"

선생님의 주문에 일찌감치 탈락한 아이들은 신 나게 노래를 불렀고, 나와 도영이는 단 하나 남은 의자 주변을 천천히 돌았어. 어찌나 떨리던지…….

"삑!"

갑작스런 호루라기 소리에 도영이가 나보다 먼저 의자를 차지했어. 역시 순발력으로는 도영이를 이길 수가 없더라고.

"축하해, 엉덩이 왕 박도영."

나는 아쉬웠지만 도영이의 엉덩이 왕 등극을 축하해 줬어. 선생님께서 나와 도영이를 번갈아 보시더니 말씀하셨어.

"모두 마지막까지 정정당당히 게임을 했구나. 엉덩이 왕 도영이에게는 축하의 박수를, 끝까지 최선을 다한 정한이에게는 격려의 박수를 쳐 줄까?"

맞는 말씀! 누가 왕이 되는가는 중요한 게 아니지. 우리 모두가 재미있게 놀았으면 그만이니까. 나는 내 의자를 찾아 원래 자리로 돌아가 앉았어. 다른 아이들도 자기 의자를 모두 제자리에 돌려놓고 앉을 때쯤 선생님께서 입을 여셨지.

"그런데 애들아, 왜 지금은 의자에 천천히 앉니? 아까 게임을 할 때는 서로 의자를 차지하려고 서둘렀으면서 말이야."

선생님께서는 가끔 당연한 질문을 하실 때가 있어.

"게임을 할 때는 의자가 부족했고, 지금은 모두 자기 의자가 하나씩 정해져 있으니까요."

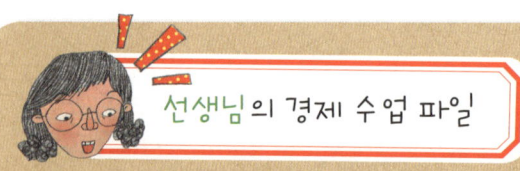
선생님의 경제 수업 파일

경제 문제의 중심, 희소성

음식도, 학용품도, 장난감도, 용돈도 내가 원하는 만큼 실컷 가질 수 없어요. 돈이 많으면 모두 해결될 것 같겠지만 그렇지도 않습니다. 새로운 음식, 새로운 학용품, 새로운 장난감, 새로운 자동차, 새로운 집처럼 갖고 싶어지는 것이 계속 생기니까요. 사람들의 욕구는 끝이 없지만 그 욕구를 채워 줄 수단이 부족하기 때문에 이러한 문제가 생기게 됩니다. 우리의 욕구를 채울 수단은 돈이 될 수도 있고, 시간이 될 수도 있고, 사람의 마음이 될 수도 있어요. 욕구에 비해 수단의 부족함을 느끼는 상태, 이것이 '희소성의 문제'입니다.

그런데 이 '희소성'이라는 것은 때와 장소에 따라 다른, 상대적인 개념입니다. 더운 여름날, 뜨거운 거리에서 먹는 시원한 팥빙수는 희소합니다. 하지만 추운 겨울날, 바람이 쌩쌩 부는 거리에서 먹는 팥빙수는 그다지 희소하지 않습니다. 그 이유가 무엇일까요? '희소성'은 우리의 욕구를 채워 줄 수단이 많고 적음에 따라 결정되는 것이 아닙니다. 우리가 원하지만 가지기 어려울 때 '희소성의 문제'가 생깁니다. 우리의 생명 유지에 꼭 필요하지만 쉽게 구할 수 있는 '물'은 그 필요성에도 불구하고 희소하지 않지만, 생명 유지와는 관계가 없으면서도 구하기 어려운 '금'은 매우 희소한 것처럼 말이에요. 물론 오염된 물로만 가득한 곳에서는 깨끗한 물도 희소하겠지요?

내가 대답했어. 그러자 선생님께서 고개를 끄덕이셨지.

"맞아. 그럼 지금의 너희에게 의자는 '희소한 것'일까, '희소하지 않은 것'일까?"

희소한 것? 희소하지 않은 것? 우리에게 무얼 물어보시는 걸까?

"선생님, '희소'가 무슨 뜻인지 모르겠어요. 그걸 알아야 희소한 건지, 희소하지 않은 건지 구별할 수 있을 텐데요."

도영이가 놀이에 집중하느라 이마에 맺힌 땀방울을 손등으로 닦으며 말했어. 그러자 선생님은 웃음을 지으며 말씀하셨어.

"도영이가 정확하게 짚었구나. '희소'란 매우 드물고 적은 것을 말하지. 놀이를 하기 전 우리에게 의자는 누구나 하나씩 가지고 있는 '희소하지 않은 것'이었어. 그런데 놀이를 할 때는 우리의 필요보다 의자의 개수가 부족했지. 즉, 의자는 '희소한 것'이 되었고 이 때문에 서로 자기가 먼저 차지하려고 했던 거야. 이러한 희소성의 문제를 해결하기 위한 사람들의 활동과 노력을 '경제'라고 한단다."

그때 엉덩이 왕 뽑기 놀이에서 춤과 노래에 빠져 일찌감치 탈락했던 민기가 손을 들었어.

"그런데 선생님, 저는 의자를 차지하는 것보다 춤추고 노래하는 게 더 재밌었어요! 그래서 맨 처음에 탈락하긴 했지만."

민기가 아직도 흥에 겨운지 어깨를 들썩였어. 그 모습을 보고 우리 반 친구들은 모두 키득키득 웃었지.

"민기에게 의자는 즐겁게 춤추고 노래하기 위한 '기회비용'이었나 보구나."

기회비용? 아니 희소성도 어려운 마당에 기회비용이라니. 우리의 복잡한 표정을 눈치채셨는지 선생님께서는 얼른 설명을 이어가셨어.

"기회비용이란 어떤 것을 선택하면 포기해야 하는 모든 것 가운데 가장 가치가 있는 것, 즉 '선택의 대가'를 가리키는 거야. 민기는 춤과 노래라는 재미를 선택하고 의자를 포기했잖아. 그러니까 민기의 선택의 대가, 즉 기회비용은 '의자를 차지하는 것'이 되겠지?"

엉덩이 왕 뽑기 놀이에 이렇게 다양한 경제 원리가 숨어 있다니……. 그저 놀라울 따름이야.

"앞으로 우리는 경제 체험 공간 '구름 나라'에서 경제에 관해 공부할 거야. 모두들 즐겁게, 또 열심히 경제에 대해 익혀 보자."

"좋아요! 엉덩이 왕처럼 재밌는 게임으로 배우게 해 주세요."

"경제 공부하고 부자 되야지!"

아이들은 신 난 목소리로 저마다 한마디씩 했어.

우리 선생님 정말 멋지지 않아? 이런 공부는 1반도 2반도 3반도 4반도 못할 거야. 우리 4학년 5반, 아니 구름 나라만의 특권이지!

"경제는 어려운 게 아니란다. 크건 작건 수많은 선택을 해야 하는 우리의 하루하루가 경제야. 선택을 하면 항상 무언가를 포기해야 하지. 그래도 포기한 것에 대한 미련보다 선택이 주는 만족감이 더 클 수 있도록, 현명한 선택을 하는 사람이 되기 위해 열심히 공부해 보자."

"네. 선생님!"

반 아이들 모두 크게 대답했어.

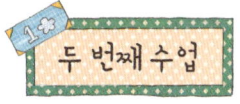 **화폐를 만들다**

"이제부터 돈을 나누어 줄 거야."

오잉? 선생님께서 왜 갑자기 돈을 주신다고 하지? 우리는 어리둥절한 표정으로 서로를 바라보았어.

"물론 진짜 돈은 아니야. 우리 반, 아니 우리 구름 나라에서만 쓸 수 있는 돈이지. 그 돈으로 너희들이 원하는 것을 살 수 있어. 예를 들어 짝꿍 고르기, 청소 구역 정하기와 같은 쿠폰을 살 수 있고 구름 나라에서 판매하는 간식도 살 수 있지. 어때?"

"에이, 세상에 그런 돈이 어디 있어요?"

도영이가 못 믿겠다는 표정으로 말했어. 내 생각도 같았지.

"어디 있긴? 우리가 만들면 되지. 돈, 즉 화폐란 사람들이 자신의 목적을 위해 물건의 가치를 정하거나 물건의 교환을 쉽게 하려고 만든 수단이란다. 그러니까 우리도 구름 나라의 화폐를 만들어서 사용해 보는 거야."

야호! 비록 구름 나라에서만 쓸 수 있지만 돈을 받는다는 생각에 모두들 기대하는 얼굴이었어.

"먼저 화폐를 만들려면 단위를 정해야 한단다. 대한민국의 원, 미국의 달러처럼 말이야."

열띤 토론 끝에 구름 나라 화폐 단위는 '하늘'로 정했어. 왜냐고? 구름은 하늘에 떠 있으니까!

"멋진 화폐 단위가 정해졌구나. 모두들 동의하는 거지? 화폐는 사회적인 약속이기 때문에 함께 쓰는 사람들의 동의가 필요하거든. 자, 그럼 이제 화폐 디자인을 해 볼까? 이왕이면 나라 이름이 화폐에도 잘 드러나면 좋겠다."

반 아이들 모두 자신이 원하는 화폐 디자인을 그려서 제출했어. 마침내 우리 반의 화가 진수의 디자인이 '1하늘' 화폐로 정해졌지. 내 작품

구름 나라 국기

구름 나라 화폐

이 선택이 되지 않아 조금 아쉬웠지만 멋진 화폐가 생겨서 기분은 좋았어.

"그런데 누군가 이 화폐를 책임지고 필요한 만큼 만들어야 하지 않을까요? 그렇지 않으면 가짜 화폐가 생길 수도 있잖아요."

진수의 말에 선생님께서 맞장구를 치셨어.

"그렇지. 대한민국에 한국은행과 한국조폐공사가 있는 것처럼, 구름 나라에도 책임지고 화폐를 만드는 곳이 필요해. 누가 그 역할을 하면 좋을까?"

"선생님께서 해 주세요. 저희들이 정정당당하게 돈을 모으고 사용할 수 있게요."

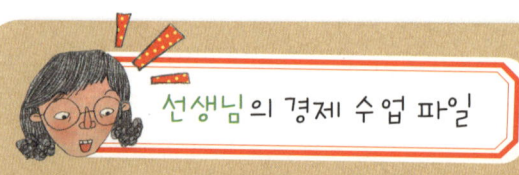

샐러리맨의 비밀

샐러리맨(salaried man)이라는 단어를 알고 있나요?
샐러리맨은 '일정한 봉급을 받아 생활하는 사람'을 가리키는 말입니다. 여러분의 부모님이나 주변의 어른들이 직장에 다니며 정해진 봉급을 받는다면 '샐러리맨'이라고 할 수 있어요. 그런데 샐러리맨의 어원은 '소금'에서 출발했다고 합니다. 'Salary'는 라틴어로 '소금(sal)'을 지급한다는 뜻의 '살라리움(Salarium)'에서 생겨났어요. 고대 로마의 병사들은 봉급으로 소금을 받았는데 그 시대에는 소금을 지금처럼 쉽게 구할 수 없어서 귀중하게 여겨져 교환의 수단으로 사용했어요.

"좋아, 내가 정해진 디자인대로 화폐를 만들도록 할게."

그때 평소에 용돈을 안 쓰고 모으기로 유명한 현아가 말했어.

"선생님, 1하늘만 만들지 말고 5하늘, 10하늘, 50하늘, 100하늘도 만들면 어떨까요? 돈을 많이 모았을 때 1하늘짜리만 있으면 지폐 수가 너무 많아져서 보관하기도 힘들고, 가지고 다니기도 힘들 거예요."

역시 알뜰한 현아는 달라! 화폐를 모은 후에 어떻게 가지고 다닐까를 걱정 하더라고.

"현아가 아주 중요한 지적을 했구나. 다른 사람들의 생각도 같다면 현아의 말처럼 5, 10, 50, 100하늘 단위의 지폐도 만들게."

"좋아요!"

다들 기대하는 마음으로 소리쳐 대답했어.

한 주가 지나고 선생님은 우리들에게 따끈따끈한 1하늘 지폐 한 장씩을 나누어 주셨어.

"우리 모두가 힘을 합하여 만들고 정한 구름 나라의 화폐란다. 함께 수고한 만큼 기념으로 똑같이 1하늘씩 나누어 줄게. 다음 수업에는 급식 담당, 청소 담당같은 각각의 활동에 걸맞는 돈의 액수를 정하도록 하자. 반 활동을 열심히 하는 것만으로 돈을 벌 수 있게 말이야."

내 손에 있는 것이 우리가 만든 화폐라니! 나와 친구들은 1하늘 지폐를 신기한 표정으로 요리조리 살펴보았어.

"종이로 만들어서 물에 젖으면 금방 망가질 것 같아요."

현아가 걱정하자 짝꿍인 도영이가 핀잔을 주었어.

"그러니까 조심해서 다루어야지. 구름 나라의 돈인데."

선생님께서 1하늘 지폐를 한 장 펼쳐 보이며 말씀하셨어.

"우리가 실제로 쓰는 지폐도 종이로 만든단다. 잘 찢어지지 않는 특수한 재료로 만든 종이지. 그래도 여러 사람의 손을 거치다 보면 훼손되기 마련인데, 실제로 만 원짜리 지폐 한 장의 수명은 10년이고, 오천 원짜리는 3년 6개월, 천 원짜리는 4년 4개월 정도라고 해."

나는 문득 궁금한 게 생겼어. 엉뚱한 질문이긴 하지만 용기를 내어 손을 들었지.

"선생님, 돈을 만드는 데 돈이 얼마나 드나요?"

다른 친구들이 이게 무슨 소리? 라는 표정으로 나를 쳐다보았어. 그러자 선생님께서 활짝 미소를 지으며 대답하셨지.

"정한이가 예리한 질문을 했구나. 10원짜리 동전 1개를 만드는 데 드는 비용은 약 40원이라고 해. 현재 우리나라의 10원, 50원, 100원, 500원짜리 동전을 만드는 데 매년 400억 원 가까이 비용이 든다고 하니(2015~2019년 평균, 한국은행) 정말 놀랍지 않니?"

정말 이상하지 않아? 돈을 만드는 데 돈이 더 들다니.

"이렇게 많은 비용이 드는 이유는 80~90%의 동전이 한국은행으로 다시 돌아오지 않기 때문이야. 종이돈인 지폐도 마찬가지야. 찢어지고, 물에 젖고, 낙서에 더러워져 쓸 수 없게 되는 것이 2019년 한 해에만 6억 1천 만 장이었다고 하는구나. 그 양은 5톤 트럭 114대 분이고, 높이 쌓으면 8,848m에 달하는 에베레스트산 높이의 7배라고 해. 게다가 버려진 만큼 새 지폐를 만들기 위해 해마다 약 800억 원 이상의 세금이 사용되고 있어(2015~2019년 평균, 한국은행). 너무 아깝지 않니?"

너무나 엄청난 액수라 감이 오질 않았어. 손가락으로 0의 개수를 세어 보는 아이도 있었지.

"한국은행에서는 국민들에게 다음과 같은 당부를 하고 있단다."
선생님께서는 칠판에 글씨를 적으셨어.

첫째, 소중한 돈! 반드시 지갑에 넣어 주세요.
둘째, 지폐를 꼬깃꼬깃 접거나 구기지 말아 주세요.
셋째, 지폐에 메모를 하거나 낙서를 하지 마세요.
넷째, 물이나 오물 등이 묻은 손으로 돈을 주고 받지 말아 주세요.
다섯째, 찢어지거나 더러워진 지폐, 불에 탄 지폐, 찌그러진 동전 등 다시 사용하기에 부적절한 돈은 한국은행에서 새 돈으로 교환할 수 있어요.

구름 나라 돈뿐만이 아니라 우리나라 돈도 함부로 다루지 말아야겠다는 생각이 들었어. 돈 자체도 소중하지만 돈을 만들기 위해 돈을 사용한다니, 아깝잖아!

화폐의 조건

화폐는 물건이나 서비스를 살 수 있는 지불 수단입니다. 또한 물건이나 서비스의 가치를 정하거나 저장하는 수단이기도 하지요. 역사적으로 보면 화폐가 등장하기 전, 사람들은 필요한 것을 직접 교환하는 물물 교환의 시대를 지나 조개껍데기, 소금, 쌀, 가죽, 돌, 금화, 은화 등을 화폐 대신 사용하였습니다. 화폐의 형태는 왜 계속 바뀌어 왔을까요? 그 까닭은 바로 화폐의 조건에 있습니다. 화폐의 조건에 좀 더 잘 맞는 형태로 발전을 거듭해 지금과 같이 지폐와 새로운 화폐인 신용 카드, 전자 화폐까지 등장한 것입니다.

화폐의 조건

하나. 변하지 않을 것!
귀중한 재산을 담고 있는 화폐가 쉽게 변해서는 안 되겠지요. 화폐가 변하면 재산도 사라지는 것이니까요.

둘. 쪼개어 쓸 수 있는 것!
우리가 화폐를 이용하여 교환하는 물건이나 서비스는 그 가치가 큰 것부터 매우 작은 것까지 종류가 어마어마합니다. 가치가 작은 것을 교환할 때는 쪼개어 쓸 수 있어야 합니다.

셋. 가지고 다니기 편한 것!
화폐의 가장 큰 쓰임은 교환입니다. 화폐를 이용해 원하는 물건과 서비스를 구해야 하는데 화폐가 너무 크고 무거우면 정말 불편할거예요.

넷. 흔하지 않은 것!
가치를 담는 도구인데 아무나 어디에서나 구할 수 있다면 의미가 없지요. 쉽게 구할 수 없는 것, 그것이 화폐의 마지막 조건입니다.

옛날 화폐 vs 지금의 화폐

화폐의 조건 네 가지를 잘 읽어 보았나요?
그럼 우리가 알고 있는 옛날 화폐를 오늘날의 관점에서 비교해 봅시다.

	돌	쌀	소금	금화	은화	지폐
변하지 않는 것	O	X	X	O	O	O
쪼개어 쓸 수 있는 것	X	O	O	O	O	O
가지고 다니기 편한 것	X	X	X	X	X	O
흔하지 않은 것	X	X	X	O	O	O

어떤가요? 결국 오늘날 우리가 쓰는 지폐가 화폐의 조건을 가장 잘 갖추었다고 할 수 있답니다. 미래에는 또 어떤 형태의 더 편리한 화폐가 등장할지 다 함께 상상해 보아요!

원하는 대로 돈을 찍어 낸다면?

원하는 만큼 돈을 만들 수 있다면 얼마나 좋을까? 그러면 사고 싶은 것을 사고, 하고 싶은 것을 마음껏 할 수 있을 텐데. 만약 우리 소원대로 한국은행에서 국민들이 원하는 만큼 돈을 찍어낸다면 어떤 일이 일어날까?

결론부터 말하면 국민이나 국가 모두에게 비극적인 일이 생길 가능성이 많다. 이러한 결론을 증명하는 역사적 사건이 있다. 바로 조선 말기 고종 시대에 6개월여 동안 사용되었던 화폐 '당백전(當百錢)'의 발행이다. 조선 말기는 오랜 세도 정치 왕실의 친척이나 신하가 강력한 권력을 휘두르는 정치로 인해 왕권과 나라가 매우 어지러웠던 시기이다. 권문세족 벼슬이 높고 권세가 있는 집안의 멸시를 받던 흥선대원군은 아들이 왕의 자리에 오르자 왕권 강화를 위한 다양한 정책을 실시했는데 그 중 대표적인 것이 임진왜란 때 불탄 경복궁을 다시 짓는 일이었다. 하지만 돈이 부족한 것이 문제였다.

그래서 생각해낸 것이 '당백전'이라는 고액권 화폐의 발행이었다. 당시 사용되던 화폐는 '상평통보'였는데 당백전(當百錢)은 그 이름에서 알 수 있듯이 상평통보보다 100배의 가치를 지닌 화폐였다. 흥선대원군은 화폐가 널리 퍼져나갈 수 있도록 경복궁을 짓는 일꾼의 일당이나 왕실에 납품하는 물건의 값을 지불할 때 당백전을 사용하였다. 그렇게 왕실은 스스로 만든 돈을 원하는 만큼 활용하여 경복궁을 완성함으로써 그 목적을 무난히 달성하는 듯 보였지만 백성들의 사정은 달랐다. 당백전으로 인해 백성들의 시장에 유통되는 화폐의 양과 단위가 커지게 되었고 물가는 급등했다. 게다가 당백전에 대한 믿음이 부족했기 때문에 상평통보를 가진 사람들은 당백전으로 바꾸려고 하지 않았고 시장에서는 상평통보가 부족해지는 현상이 나타났다. 상인들이 당백전을 받지 않으면서 사람들은 돈을 사용하지 않고 물물 교환을 하기도 했다. 결국 당백전의 가치가 떨어지면서 반대로 물가는 오르게 되었고, 당백전은 6개월 만에 역사 속으로 사라지는 불명예스러운 화폐가 되고 말았다. 화폐 때문에 백성이 가난해지고 국가가 약해진 것이다.

원하는 만큼 화폐를 찍어내 시장에 돈이 많이 나오게 하면 순간적으로 시장 흐름이 좋아지기도 한다. 또 이를 잘 활용하여 위기에 빠진 경제를 살릴 수도 있다. 하지만 관리가 미흡하면 결과적으로 돈의 가치가 떨어지게 되고 물가가 올라 오히려 사람들의 살림살이가 어려워진다. 국가는 왕이나 대통령의 것이 아니라 국민의 것이다. 국민들이 정책을 만드는 사람들에게 믿음으로 나랏일을 맡긴 만큼 다양한 경제적 현상과 국가적 상황을 더욱 더 신중히 고려하여 경제 정책을 펼쳐야 할 것이다.

화폐의 조건

구름 나라 아이들이 화폐에 관해 이야기를 나누고 있어요.
틀린 설명을 찾아 바르게 고쳐 봅시다.

❶ 화폐는 귀중한 재산이니까 쉽게 변해서는 안 돼.

❷ 화폐는 잃어버리기 쉬우니까 가지고 다니기 편하면 안 돼.

❸ 화폐는 쪼개어 쓸 수 있어야 해. 화폐와 교환하는 물건이나 서비스는 그 가치가 다양하니까.

❹ 화폐는 어디서나 쉽게 구할 수 있어야 해.

정답
❷ 화폐는 갖고 다니기 쉬워야 한다. 화폐는 교환을 이용할 때마다 쓰는 것이니까.
❸ 화폐는 가치가 다양하니까 쪼개어 쓸 수 있어야 한다.

2장

돈을 벌어 볼까?

 세 번째 수업   **1하늘을 벌기까지**

　교실 한 쪽에 구름 나라의 국기가 걸렸어. 경제 수업 시작을 알리는 표시이지. 구름 나라 국기를 보니까 경제 공부에 대한 의지가 불끈불끈 솟아오르는 것 같아. 헤헷!

　"오늘은 우리 반의 다양한 1인 1역할에 대한 가치를 정해 보도록 하자. 너희들도 소득이 있어야 하니까."

　선생님께서는 칠판에 '소득'이라고 크게 쓰고 말씀을 이어 가셨어.

　"소득이란 간단히 설명하자면 우리 주머니에 돈이 들어오는 것을 말해. 너희들이 부모님께 용돈을 받거나 세뱃돈을 받는 일도 소득의 한 종류지. 어른들이 소득을 얻는 방법은 매우 다양한데 주로 생산 활동을 통해 얻는단다."

선생님께서는 '생산'이라는 단어도 '소득' 옆에 크게 쓰셨어.

"생산이 무슨 뜻인지 알아요. 무언가를 만들 때 쓰는 말, 맞죠?"

손을 번쩍 들고 말하는 지윤이를 보며 선생님께서는 고개를 끄덕이셨어.

"지윤이의 말처럼 생산은 사람들이 생활하는 데 필요한 물건을 만드는 것을 말해. 생산을 통해 물건을 만들고 그 물건을 팔아 소득을 얻는 거지."

"그런데 저희 엄마는 미용실을 운영해서 소득을 얻으세요. 미용실에서 만드는 물건은 아무것도 없는 것 같은데."

도영이는 고개를 갸우뚱거리며 말했어. 그러자 너도나도 '선생님은요?', '그냥 사무실에서 일하는 건요?', '카센터는요?'라는 질문이 쏟아졌어. 그러게 말이야. 우리 아빠는 연구원이신데 무엇을 만든다는 이야기는 못 들어 봤거든.

"선생님께서는 가르치는 일을 하시잖아. 그래서 소득을 얻는 것 같은데……."

현아가 자신 없는 목소리로 말하자 지윤이가 말을 이었어.

"혹시 가르치는 일도 생산이 아닐까? 미용실 손님의 머리를 손질해 주는 일도 마찬가지고."

이번에도 지윤이가 맞췄을지 나는 정말 궁금했어.

"내가 가르쳐 주고 싶은 걸 벌써 깨닫다니! 대단한걸? 생산을 통해 만들 수 있는 것에는 재화와 용역 즉, 서비스가 있어. 미용사, 자동차 정비사, 의사, 모두 서비스를 생산하는 일이지."

지윤이는 선생님의 마음속에 들어갔다 나왔나 봐. 정답이 입에서 툭툭 튀어나오니 말이야.

"그런데 소득은 꼭 일을 통해서만 얻는 것이 아니야. 일을 해서 얻는 소득을 '근로 소득'이라고 한다면 가지고 있는 재산을 이용해서 얻는 소득을 '재산 소득'이라고 하거든. 은행에 돈을 저축해 이자를 받을 수도 있고, 집이나 땅을 다른 사람에게 빌려 주고 임대료를 받기도 해."

선생님의 설명을 들으며 나는 부모님께서 어떻게 돈을 버시는지 생각해 보았어. 아침이면 연구소로 출근하시고 밤늦게 피곤한 얼굴로 퇴근하시는 아빠, 돈이 생기면 은행에 꼬박꼬박 저금하시던 엄마의 모습까지. 나는 소득을 얻기 위해 노력하시는 부모님께 새삼 감사한 마음이 들었어. 아마 반 친구들도 나와 비슷한 생각을 했을 거야.

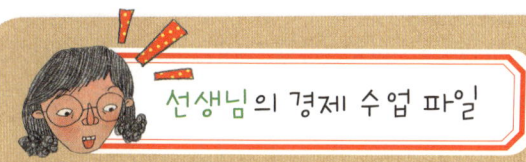
선생님의 경제 수업 파일

재화와 용역

사람들은 다양한 활동을 통해 '재화'와 '용역'을 생산합니다. 재화는 눈에 보이고 만질 수 있으며 일정한 형태를 지닌 물건을 말하는 것이고, 용역은 형태를 가지지 않지만 사람들의 생활에 도움이 되는 활동을 말해요. 예를 들어 설명해 볼까요? 티셔츠를 사기 위해 백화점에 갔다고 상상해 봅시다. 마음에 드는 티셔츠가 있는 매장에 들어서자 종업원이 반갑게 맞이합니다. 우리에게 어울리는 옷을 권하기도 하고 원하는 치수나 색상을 찾아 주기도 하지요. 티셔츠를 고르면 계산을 도와주고 쇼핑백에 담아 주어요.
이 때 '티셔츠'는 재화와 '종업원의 서비스'는 용역이랍니다. 티셔츠를 만드는 사람은 '티셔츠'라는 재화를 통해, 종업원은 '서비스'라는 용역을 통해 소득을 얻는 것이지요. 재화와 용역 두 가지 모두 사람들의 생활에 없어서는 안 되는 생산품이랍니다.

"자자, 이제 본격적으로 구름 나라 사람들의 생산 활동에도 가치를 주고 그에 따라 소득을 정해 보자. 생산 활동의 가치를 정하는 일은 우리가 첫 시간에 배운 희소성과도 관련이 있어. 어떤 역할이 있는데 여러 가지 이유로 그 일을 하려는 사람이 적거나 할 수 있는 사람이 별로 없다면 그 역할을 하는 사람의 가치가 높아지게 될 테고, 그에 따라 소득도 높아질 거야. 반대의 경우라면 소득이 낮아질 테고."

그렇다면 어떤 역할에 가장 높은 가치를 매겨야 할까? 내 생각에는 교실 대걸레질이 가장 힘든 것 같은데……. 교실 쓸기가 모두 끝날 때까지 기다려야 하고 청소가 끝난 뒤에도 걸레를 빨아야 해서 시간이 너무 오래 걸리거든.

"선생님, 저는 칠판 당번의 소득이 가장 높아야 할 것 같아요. 쉬는 시간에 혼자 일을 해야 하잖아요."

"제 생각은 달라요. 저는 국 당번이 제일 힘들다고 생각해요. 국은 뜨거운데다 국자로 배식하다 보면 무거워서 팔이 후들후들거리거든요."

어? 친구들은 나와 생각이 달랐어. 역시 희소성은 상대적인 건가 봐.

"선생님, 토의를 통해서 정하는 건 어떨까요? 서로 대화를 나누다 보면 모두가 동의하는 소득을 정할 수 있을 거예요."

역시 우리의 반장 소현이가 해결을 위해 나섰어.

"좋아. 실제 경제 생활에서도 사회적, 개인적 합의를 통해서 소득을 정하기도 하니까. 선생님도 너희의 결정에 따를게."

토의는 1시간 동안이나 이어졌어. 열렬한 토의 끝에 1인 1역에 대한 가치를 다음과 같이 정할 수 있었지.

역할	하루 소득	역할	하루 소득	역할	하루 소득
책장 정리	1하늘	교실 쓸기	2하늘	교실 대걸레	3하늘
분리수거	1하늘	칠판 당번	2하늘	담당 구역	3하늘
화분 가꾸기	1하늘	복도 청소	2하늘		
밥 당번	1하늘	국 당번	2하늘		

지금 내 역할은 분리수거 당번이기 때문에 하루에 1하늘씩 받을 수 있어. 제일 적은 액수지만 괜찮아. 다음번에는 조금 힘들어도 하루 소득이 많은 역할을 하면 되니까! 나와 친구들은 교실에서 용역을 생산하는 활동을 통해 소득을 얻을 수 있다는 게 신기했어. 평소에 하기 싫은 일들도 돈을 벌 수 있다고 생각하니 더 이상 귀찮지만은 않았어. 열심히 일해서 하늘을 모으면 우리 반에서 제일가는 부자가 될 수 있겠지?

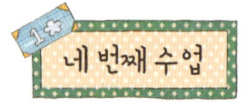 **소득을 올려 주세요!**

지난주 회의 결과대로 우리 모두는 1인 1역을 성실하게 수행하고 소득을 얻었어. 반장 소현이가 각자의 역할 결과를 점검하여 선생님께 말씀드리면 선생님께서는 일주일치 하늘을 우리에게 주셨지. 나는 5하늘을 받아서 지갑 속에 쏙 집어넣었어. 선생님 말씀으로는 우리는 구름 나라에 고용 기업처럼 생산을 할 수 있는 곳에 취직해서 일을 하는 것 되어 생산 활동을 하고 있는 것과 마찬가지래. 구름 나라에서만 쓸 수 있는 돈이긴 하지만 직접 벌어 보니 진짜 어른이 된 기분이 들더라고. 그런데 밥 당번인 성환이는 자신의 일주일치 소득이 마음에 들지 않았나 봐.

"선생님, 저는 아무리 생각해도 소득이 너무 적은 것 같아요. 저나 국 당번인 도영이나 하는 일은 비슷하거든요. 국도 뜨겁고 밥도 뜨겁고 팔도 아프고……. 국 당번만큼 소득을 올려 주셨으면 좋겠어요."

성환이의 말에 선생님께서는 이미 정해진 것이니 다음 번 회의까지는 이대로 하는 게 어떻겠냐고 하셨지. 그런데 성환이는 싫다고 했어. 자기는 지금처럼 1하늘만 받을 바에는 밥 당번을 하지 않겠대. 국 당번처럼 2하늘로 올려 줘야만 일을 하겠다고 강하게 주장했어.

"그래? 그럼 성환이는 파업 하던 일을 멈춤 을 하겠다는 말이구나. 안타깝지만 다음 경제 수업까지 밥은 개인 배식을 하도록 하자. 좋은 방법이 생각나면 친구들과 이야기를 해 보기로 하고."

 우리는 그날부터 밥 배식을 스스로 했어. 성환이는 미안해 하면서도 뜻을 굽히지 않았고 우리와 사이가 서먹서먹해지고 우리는 밥을 스스로 담느라 힘들었어. 결국 우리는 임시 회의를 열어 밥 당번의 일이 힘들다는 것을 인정해 소득을 일주일에 5하늘에서 7하늘로 인상하기로

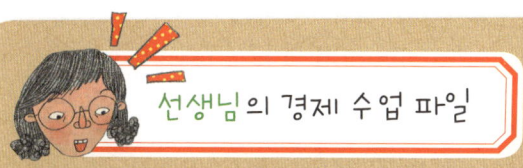

선생님의 경제 수업 파일

찢어지지 않는 돈 '폴리머 노트'

'폴리머 노트'는 종이돈인 지폐를 대신하기 위해 만들어진 돈이에요. 플라스틱성 소재인 폴리머를 사용하여 특수하게 만든 돈으로 제작비가 일반 지폐보다 많이 들지만 4배나 긴 수명 덕분에 오히려 이득이라고 해요. 특히 폴리머라는 소재는 아무나 만들 수 없는 특수한 재질로, 투명할 뿐만 아니라 특이한 홀로그램이 있어 위조가 거의 불가능하다는 장점을 갖고 있습니다. 또 더러워지면 물로 세척하여 쓸 수도 있고 수명이 다 되면 다른 플라스틱 제품으로 재생할 수도 있어요. 하지만 플라스틱성 소재라서 한 번 접으면 잘 펴지지 않고 열에 약하다는 단점도 있습니다.

최초로 폴리머 노트 화폐를 사용한 파푸아뉴기니를 비롯해 호주, 뉴질랜드, 멕시코, 네팔, 싱가포르 등 20여개 나라에서 폴리머 노트를 사용하고 있어요. 브루나이에서 발행된 폴리머 노트는 전 세계 지폐형 화폐 중에 가장 큰 화폐로, 가로 203mm, 세로 132mm라고 합니다.

결정했어. 대신 성환이는 지금까지 친구들에게 피해를 준 것을 사과하고 더 정성껏 배식을 하기로 약속했지. 이제 이렇게 서로에게 힘든 파업은 없었으면 좋겠다는 생각이 들었어.

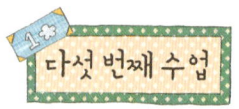 기업을 운영해 볼까?

구름 나라에서 소득을 얻은 지 3주가 지났어. 나는 15하늘의 돈을 벌었지. 교실 쓸기였던 민기는 30하늘, 국 당번과 교실 대걸레를 맡았던 현아는 40하늘이나 모았대.

"이제 다들 어느 정도 돈을 모았으려나?"

선생님께서 입가에 웃음을 머금고 우리를 바라보셨어. 뭔가 재미있는 생각을 하고 계신가 봐.

"지금까지 고용을 통해 소득을 얻었다면 이제는 기업을 경영하는 활동, 사업을 해 보자. 사업을 잘하면 돈을 벌 때 보다 더 많은 수입과 뿌듯함을 얻을 수 있어. 지난 시간에 배운 근로 소득, 재산 소득과는 다른 하나, 사업 소득을 얻을 수 있는 것이지. 하지만……."

"그러다가 망하면 어떡해요!"

앗, 이게 아닌데……. 선생님의 말씀이 끝나기도 전에 내 입에서 불쑥 말이 먼저 나오고 말았어. 하지만 지금까지 모은 하늘을 가지고 사업을 한다니, 걱정이 되는 걸 어떡해.

"그러니까 기업을 운영하기 전에 이것저것 제대로 따져 봐야 한단다. 먼저 재화를 생산할지, 용역을 생산할지 결정해야 해. 또 어떤 자원을 활용할지, 어떤 사람들을 대상으로 판매할지, 가격은 어느 정도로 할지, 어떤 방법으로 홍보를 할지 등등 정말 많은 것들을 조사하고 고민해야 해."

선생님의 말씀에 우리는 입이 떡 벌어졌어. 그 많은 일을 어떻게 혼자서 다 하지?

"그래서 우리도 기업처럼 협업과 분업을 해야 해. 협업은 여러 사람이 힘을 합쳐 일하는 것을 뜻하지. 운동화를 예로 들어 보자. 여러 사람이 함께 모여 운동화를 만들면 그만큼 생산량이 많아지겠지? 이것을 협업이라고 할 수 있어. 분업은 협업보다 좀 더 전문화된 상태를 의미해. 똑같이 운동화를 만들더라도 운동화를 디자인하는 사람, 가죽을 디자인에 맞게 재단하는 사람, 가죽을 꿰매는 사람, 제품을 검사하는 사람 등으로 그 역할을 나누는 거야. 그러면 제품의 품질이 좋아질 뿐만 아니라 빠른 시간 내에 더 많은 제품을 만들어 낼 수 있단다."

그러고 보니 분리수거 당번인 나도 현기와 분업을 했더라고. 나는 종이류를 모아서 버리고 현기는 그 밖의 재활용품을 모아서 버렸거든. 우

리 생활은 정말 경제 활동 그 자체인가 봐.

"다음 시간에는 여러분이 기업이 되어 작은 가게를 차리고 생산을 할 수 있도록 다양한 준비물을 마련해 놓을 거란다. 오늘 집에 가기 전까지 무엇을 생산하고 싶은지 선생님에게 미리 이야기해 주렴. 협업이나 분업을 하고 싶은 사람이 있다면 그 친구, 이제부턴 동업자라고 부르자. 동업자들과 잘 상의해 보도록!"

흠……. 난 무얼 하면 좋을까? 사실 그림을 조금 잘 그리는데 그 재주를 이용해 볼까? 그때 누군가 내 어깨를 툭 치며 말을 걸었어.

"정한아, 나랑 같이 캐리커처 사업해 볼래?"

진수였어. 진수는 우리 반에서 제일 그림을 잘 그리는 친구거든. 명실공히 구름 나라 화폐 디자이너니까. 그런 진수가 내 그림 실력을 알아보고 동업을 제의하다니! 왠지 모르게 어깨가 으쓱했어. 내 그림 솜씨도 제법인가 봐?

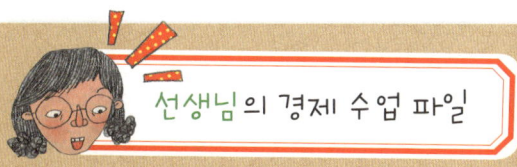
선생님의 경제 수업 파일

기업은 생산의 주체

개인과 나라, 세계의 생산 활동을 책임지는 경제 주체는 기업입니다. 기업은 생산을 전문적으로 하는 집단으로 물건을 생산하여 다른 집단이나 개인에게 파는 일을 하지요. 옛날에는 개인이나 가정에서 직접 생산하는 가내 수공업이 주를 이루었지만 기술이 발전하고 사회가 복잡해지면서 생산해야 할 재화와 용역이 급격하게 늘어나게 되자 전문적인 기업들이 등장했지요.

기업이 없어진다면 어떤 일이 일어날까요? 아마 우리는 상상할 수도 없을 만큼 큰 불편을 겪게 될 거예요. 일상 생활에 필요한 재화도 얻기 어려울 것이고, 다양한 용역 서비스도 받을 수 없을 테니까요. 또한 기업에 고용된 많은 사람들이 일자리를 잃게 되고 소득을 얻지 못해 가정 경제가 무너질 거예요. 뿐만 아니라 기업이 나라에 내는 세금이 줄어들어 국민들의 복지도 엉망이 될 수 있어요. 건강한 기업의 생산과 발전은 국가 경제의 발전과 우리 모두의 행복을 위해 꼭 필요하답니다.

"그래, 좋아! 그럼 도화지랑 색연필이 필요하다고 선생님께 말씀드리면 되겠지?"

선생님께 준비물을 말씀 드리고 자리로 돌아오니 가슴이 콩닥콩닥 뛰었어. 내 그림 솜씨를 가지고 기업을 운영하다니! 진수와 나는 어떻게 가게를 꾸릴지 생각해 보았어. 우리는 인기 아이돌 캐리커처를 미리 그려 놓기로 했어. 그래야 우리의 그림 솜씨를 보고 손님들이 캐리커처 주문을 할 테니까. 아, 선생님들 캐리커처도 좋겠다! 어때, 우리의 사업 아이디어, 괜찮지?

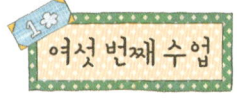 **'진정 캐릭' 개업**

수업이 시작되자마자 선생님께서는 자원 창고를 열어 주셨어. 자원 창고에는 지난 시간에 우리가 미리 선생님께 말씀 드려 놓은 준비물들이 있었지. 나와 진수는 도화지와 연필을 가져오기 위해 재빨리 자원 창고로 갔어. 그런데 이게 웬일이래? 도화지 2장에 1하늘, 연필 1자루에 2하늘, 연필 5번 깎기 쿠폰 1하늘, 지우개 1개에 1하늘……. 준비물마다 가격이 붙어 있는 거야.

"생산은 저절로 되는 게 아니란다. 생산 요소들이 필요하지. 토지, 노

동, 자본을 생산의 3요소라고 해. 토지는 땅, 광석, 석유, 산림 등과 같은 생산에 필요한 자연 자원을, 노동은 사람들의 노력이나 의지와 같은 인적 자원을, 자본은 생산 설비와 생산에 필요한 원료나 제품 같은 물적 자원을 가리킨단다. 이 세 가지 요소가 조화롭게 어우러져 재화나 용역을 생산하게 되는 거야."

선생님께서는 칠판에 수박 한 덩이를 그리시고는 수박을 생산하는 데 필요한 생산 요소들을 설명해 주셨어.

"먼저 너희들이 가지고 있는 돈을 이용해 자본 자원을 마련해야 해.

그러니 얼마만큼의 자본 자원이 필요할지 동업자와 잘 상의해서 사도록 하렴."

역시 사업은 아무렇게나 하는 게 아니었나 봐. 나는 우선 다른 친구들이 얼마만큼의 자본 자원을 사는지 살펴보기로 했어. 통이 큰 민기는 가지고 있는 돈을 모두 털어 휴대폰 액세서리를 만들 준비물을 샀어. 재료만 많이 샀다가 안 팔리면 어떻게 할 건지는 생각을 해 봤을까? 성환이는 마술 도구를 샀어. 마술은 할 줄 아는지 궁금하군. 호영이는 무엇을 하려는지 의자 하나만 빌렸어. 자본 자원을 조금만 사도 된다는 게 부럽기도 하고 어떤 사업을 생각하는 건지 궁금했어. 나중에 살짝 물어봤더니 어깨 마사지 서비스를 할 거래. 할머니 어깨를 많이 주물러 드려서 자신 있다는 거야. 팔은 아프겠지만 적은 투자로 할 수 있는 일이니 멋지다는 생각이 들었어. 나와 진수는 일단 도화지 6장, 연필 2자루, 지우개 1개, 연필 깎기 쿠폰 1장, 연습장 1권을 사서 총 11하늘을 썼어. 주문을 받아서 그려 보고 얼마나 더 살 지는 다시 의논하기로 했어.

그런데 써야 할 돈은 그 뿐만이 아니었어! 가게를 차릴 자리도 빌려야 했거든. 선생님께서 말씀하시길 원래 장사가 잘되는 자리는 임대료가 비싸지만 우리 구름 나라에서는 모두 10하늘로 똑같이 받으신대. 휴, 다행이야.

"이제 가게 이름을 정해 보렴. 가게에서 파는 물건이나 물건의 장점이 잘 나타나게끔 이름을 정하면 손님들이 잘 모일 거야."

선생님의 말씀에 우리는 '진정 캐릭'이라는 가게 이름을 지었어. 무슨 뜻이냐고? 진수 이름의 진, 내 이름의 정을 따서 만든 건데 '정말 멋진 캐리커처를 그려주는 가게'라는 뜻이지. 어때, 멋지지 않아? 어쨌든 사람들이 우리 가게를 많이 찾아와야 할 텐데 걱정이야.

"음, 다들 정말 멋진 가게를 만들었구나. 사업 아이디어도 좋고 말

이야. 사업가의 자질이 있는 걸?"

당연하죠! 우리는 구름 나라 국민인걸요. 모두들 어깨가 으쓱으쓱했어.

"혹시 클라크라는 경제학자에 대해 들어 봤는지 모르겠구나. 클라크는 산업을 구조에 따라 1차 산업, 2차 산업, 3차 산업으로 나누어 설명한 사람이란다. 지금 우리가 만든 가게들은 주로 2차 산업과 3차 산업으로 이루어져 있구나."

클라크라는 이름도 처음 들었지만 우리가 만든 가게들을 서로 다른 산업으로 나눌 수 있다니 정말 신기했어. 선생님께서는 계속 설명을 이어가셨어.

"1차 산업은 자연을 이용한 산업이야. 농업, 어업, 축산업, 임업처럼 자연 환경을 이용하여 생산하는 방식이지. 지금 우리가 가진 생산 조건으로는 1차 산업을 하기 어려워. 하지만 2차 산업은 충분히 할 수 있어. 2차 산업은 1차 산업의 생산물을 이용해서 사람들의 생활에 필요한 물건이나 에너지를 생산하는 산업이기 때문이야. 그럼 3차 산업은 뭘까? 3차 산업은 1, 2차 산업에서 생산된 물건이나 서비스를 사람들에게 제공하는 산업을 가리킨단다. 너희들 중 가게에서 물건을 직접 만들어 파는 사람은 2차 산업과 3차 산업을 동시에 하고 있는 거겠지?"

아하! 그렇구나. 그러면 나와 진수의 '진정 캐릭'은 어떤 산업일까? 사람들에

게 캐리커처를 그려 주는 서비스를 파는 거니까 3차 산업이지 않을까?

"한 가지 더 이야기하자면 2차 산업은 가공업, 경공업, 중공업, 첨단 산업으로 나눌 수 있어. 가공업은 생선 통조림처럼 자연에서 얻은 생산물을 단순하게 가공하는 산업을, 경공업은 한자 뜻처럼 옷, 신발 등 가벼운(輕) 물건을 만드는 산업을 가리켜. 그럼 중공업은 뭘까?"

"무거울 중(重)이니까 무거운 물건을 만드는 산업일 것 같아요."

반장 소현이가 또박또박 이야기했어.

"맞아. 중공업은 자동차, 선박, 제철, 기계 등을 생산하는 산업이지. 마지막 첨단 산업은 높은 수준의 과학 기술을 이용한 산업으로 신소재 개발, 생명 과학 기술, 정보 통신 기술, 우주 개발 등이 있어. 첨단 산업의 발전을 위해서는 어마어마한 자본과 기술이 필요하기 때문에 기업만이 아니라 국가가 큰 힘을 보태기도 한단다."

"그럼 국가가 발전할수록 3차 산업이나 첨단 산업도 발달하겠네요?"

소현이가 다시 질문을 하자, 선생님께서 대답하셨어.

"모두 그런 것은 아니지만 대체로 경제적으로 발달한 선진국일수록 1차 산업보다는 2차 산업이, 2차 산업보다는 3차 산업과 첨단 산업의 비중이 크단다."

 소현이는 어떻게 저런 어려운 이야기 속에서 중요한 사실을 잘 찾을까? 역시 반장은 아무나 하는 게 아닌가 봐. 나도 경제 공부를 열심히 해서 선생님께 경제에 관한 질문을 많이 해야 겠다고 다짐했어.

 "산업에 대해 설명하느라 시간이 너무 지체됐구나. 이제 생산을 해야지? 물건이 모두 만들어지면 하나하나의 가격도 정해야 해. 준비물을 사고 자리를 빌리느라 든 비용과 너희들의 노력과 수고의

 도화지 1장: 0.5하늘

가게 임대료: 0.5하늘

디지털 카메라 이용: 0.5하늘

연필, 지우개, 연습장 이용: 0.5하늘

우리의 노력: 2하늘 = 캐리커처 1장에 4하늘

 우리의 이윤은

(가격 4하늘)-(비용 2하늘)=(이윤 2하늘)

* 원래 우리의 노력도 비용에 포함해야 하지만 구름 나라에서는 캐리커처 가격에만 적용했어요.

가치를 담아서 가격을 정하면 될 거야. 적당한 이윤_{장사를 하여 남은 돈}을 남기는 것도 잊지 말고."

그거라면 쉽죠! 나와 진수는 캐리커처의 가격을 다음과 같이 정했어.

어때, 적당한 이윤과 가격이지 않아? 가격을 정한 후 우리는 손님 맞을 준비에 분주해졌어. 잘 준비해 놔야 손님이 왔을 때 물건을 팔 수 있을 테니까. '진정 캐릭'의 진수와 나는 손님들에게 나누어 줄 번호표와 디지털 카메라를 준비했어. 그런데 우리 모두 사업에 나서면 손님은 누가 되는 걸까? 궁금하던 찰나 선생님께서 말씀하셨어.

"구름 나라 시장에는 아주 특별한 손님들이 오실 거야. 여러분이 얼마나 열심히 경제 활동을 하는지, 기업 운영을 제대로 하는지도 보고 직접 물건이나 서비스를 구매하는 고객이 될 분들이지. 고객의 마음을 사로잡으려면 더욱 분발해야겠지?"

선생님의 말씀에 괜히 긴장이 되었어. 다음 시간, 구름 나라에 찾아올 특별한 손님들은 누구일까? 우리 캐리커처를 좋아해 줄까? 정말 궁금해.

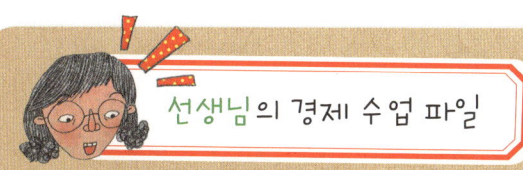

다국적 기업

지금 우리는 '세계화' 시대에 살고 있습니다. '세계화'는 전세계가 지리적으로나 경제적, 문화적으로 아주 가까워졌다는 것을 뜻합니다. 지구촌 모두가 자유로운 교류를 통해 잘 살아보자는 의미로 세계 무역 기구(WTO)가 생기고 경제 교류가 활발해지면서 세계는 하나의 커다란 시장이 되었어요. 그러면서 기업도 한 나라에 머무는 것이 아니라 경제적인 이익에 따라 여러 나라에 공장이나 지사 일정한 지역으로 갈려 나가 회사의 일을 대신 맡아 하는 곳를 만들게 되었는데 이렇게 여러 나라에 거점을 두고 운영하는 기업을 '다국적 기업'이라고 합니다.

'다국적 기업'은 우수한 제품을 싼 가격에 공급할 수 있고 잠재적인 능력이 있는 나라들이 경제 발전의 기회를 갖게 된다는 장점을 가집니다. 하지만 주로 자연 자원이나 노동력이 싼 가난한 나라에 공장을 짓고 생산하는 방식으로 이윤을 남기는 경우가 많기 때문에 비난을 받기도 합니다. 특히 '세계화'에 반대하는 사람들은 '다국적 기업'이 우수한 기술과 막대한 자본을 가지고 가난한 나라의 산업을 무너뜨린다고 주장합니다.

진정한 의미의 '세계화'를 위해서는 '다국적 기업'이 가지고 있는 장점은 살리고 단점은 보완하는 등 전세계인의 경제적으로 풍요로울 수 있도록 노력해야 할 것입니다.

위조지폐를 잡아라!

나라마다 화폐를 만들 수 있는 기관을 엄격하게 정하고 있습니다. 우리나라는 한국은행과 한국조폐공사가 그 책임을 맡고 있지요. 또한 지폐 속에 다양한 비밀을 숨겨 놓아 지폐 위조(가짜를 만듦)를 막고 있어요.

보는 각도에 따라 무늬와 색상이 변하는 홀로그램. 우리나라 지도, 5000, 4괘 3가지가 번갈아 나타나요.

종이의 두께 차이 때문에 나타나는 숨은 율곡 이이 초상과 숫자 '5000'.

오죽헌 몽룡실에도 'BANK OF KOREA'라는 미세 문자가 숨어 있어요.

옷깃에는 'BANK OF KOREA'라는 글자가 숨어 있어요.

'5000WON'이라는 미세 문자를 찾을 수 있어요.

'5000WON'이라는 미세 문자를 찾을 수 있어요.

앞뒤 면맞춤. 지폐의 앞뒤에는 각각 태극무늬 일부분이 인쇄돼 있어요. 빛에 비춰보면 하나의 태극무늬가 완성되요.

더 알아보기

전 세계 화폐의 90% 이상에서 화폐 속 그림의 주인공은 사람입니다. 그 나라를 대표하는 위인을 화폐에 사용하면 국민의 애국심과 자긍심(자랑하는 마음)을 높여줄 수 있거든요. 그런데 화폐 속 주인공으로 사람 대신 동물을 선택한 나라도 있어요. 표범과 물소 도안을 사용하는 남아프리카 공화국의 랜드화, 순록과 다람쥐 도안을 사용하는 벨로루시의 카펙화 등이 대표적이랍니다.

'BANK OF KOREA'라는 미세 문자가 숨어 있어요.

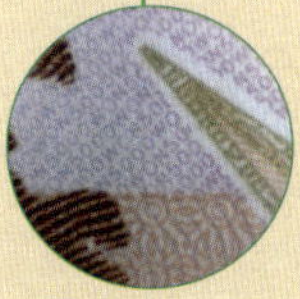

'5000WON'이라는 미세 문자를 찾을 수 있어요.

보는 각도에 따라 색깔이 바뀌는 '색변환잉크'를 사용했어요.

초등학생이 아르바이트를 해도 될까?

아르바이트(Arbeit)란, 본래 직업이 아닌 임시로 하는 일을 가리키는 독일어로 우리말로는 '부업'이라고 할 수 있다. 사람들이 아르바이트를 하는 가장 큰 이유는 소득을 늘리기 위해서이다. 직업을 통해 얻는 주 소득 이외에 임시로 추가적인 일을 하면, 몸은 힘들지만 그만큼 더 소득이 생기기 때문이다.

어른뿐 아니라 초등학생도 용돈 말고 추가 소득이 필요한 경우가 있는 법! 그럼 초등학생도 공부 외 시간에 아르바이트를 해도 될까? 우리나라에서 초등학생을 비롯한 청소년들의 아르바이트에 대해 다루는 법률은 '근로기준법과 청소년 보호법'이다. 관련된 법에 따르면 근로자로서의 아르바이트는 '취직인허증'이 있는 만 13세 이상부터 만 15세 미만(단, 예술 활동을 목적으로 하는 경우 만 13세 이하도 가능), 부모님이 동의한 만 15세 이상, 부모님의 동의 없이도 일할 수 있는 만 18세 이상이 할 수 있다. 하지만 만 13세 이상부터 만 15세 미만이 아르바이트를 하기 위해 있어야 하는 '취직인허증'은 의무 교육에 지장이 없는 경우만 받을 수 있기 때문에 원칙적으로 만 15세가 되어야만 근로자로서 아르바이트를 할 수 있다고 봐야 한다. 의무 교육인 중학교 과정을 마치는 만 15세 이하의 청소년은 아직 어리다고 판단해, 고된 노동보다 올바른 성장을 위한 시간이 더 중요하다고 보기 때문이다.
결국 초등학생은 법의 보호 하에 근로자가 되어 아르바이트를 할 수 있는 방법이 없다. 만약 초등학생이 아르바이트를 한다면, 초등학생은 아르바이트로 버는 소득이나 안전에 대해 법의 보호를 받을 수 없고, 초등학생을 고용한 어른들은 처벌을 받게 될 것이다.

하지만 이대로 포기할 수 없다면 '홈 아르바이트'를 해 보면 어떨까? 집안의 많은 일거리 중 초등학생이 안전하게 할 수 있는 작은 것들을 찾아하면 부모님의 일손을 도와드리는 것은 물론, 약간의 용돈도 추가로 받을 수 있을 것이다. 이 외에도 초등학생의 올바른 성장에도 도움이 되고 추가 소득도 올릴 수 있는 안전한 방법에는 어떤 것이 있는지 선생님과 부모님, 친구들과 함께 생각해 보자.

무엇을 설명하고 있을까?

본문 속 경제 용어를 설명하고 있어요. 알맞은 것끼리 서로 선을 이어보세요.

ㄱ. 눈에 보이고 만질 수 있으며 일정한 형태를 지닌 물건

ㄴ. 여러 사람이 힘을 합쳐 일하는 것

ㄷ. 형태를 갖지는 않지만 사람들의 생활에 도움이 되는 활동

ㄹ. 한 사람이 모든 작업을 하지 않고 단계를 나누어 여러 사람이 분담하는 것

1. 협업
2. 분업
3. 용역
4. 재화

정답: ㅎ ㄴ ① ㄱ ③ ㄷ ② ㄹ ④

 소비는 합리적으로!

드디어 구름 나라 시장이 열리는 날이야.

시장은 물건을 사고파는 사람들이 모이는 곳이지. 시장의 형태는 농산물 시장, 수산물 시장, 의류 시장처럼 파는 물건에 따라, 혹은 정기 시장, 상설 시장처럼 열리는 시기 등에 따라 가지각색이래. 요새는 인터넷이 발달해서 사이버 공간에서 물건을 사고파는 온라인 시장도 있고 말이야. 어쨌든 곧 구름 나라에도 물건을 사고 싶은 사람들과 물건을 팔고 싶은 사람들이 모이는 시장이 열릴 거야. 심장 소리가 쿵쾅쿵쾅 귀에 들릴 만큼 긴장이 되는걸? 나는 민기와 함께 '진정 캐릭' 사업을 성공시키기 위한 아이디어를 나누었어.

"팻말을 큼직하게 꾸며 볼까? 손님 눈에 잘 띄게 말이야."

"텔레비전 광고처럼 재미있는 노래도 만들고 광고 문구도 만들면 더 좋겠다."

진수가 덧붙여 말했어. 우리 정말 찰떡궁합 동업자인 것 같지 않아? 선생님께서 열심히 광고 문구를 만들고 있는 우리에게 선생님이 다가와 칭찬하셨어.

> "진정 캐릭"
> 특징만 쏙쏙 뽑아 그려드립니다.
> 단 하나뿐인 나!
> 정성 듬뿍 캐리커처, 단 돈 **4** 하늘

 "오, 벌써 광고문까지 만들었구나. 정한이와 진수의 사업이 정말 기대되는데? 다른 친구들도 '진정 캐릭'처럼 광고를 만들어서 가게를 홍보하면 더 많은 손님이 찾아오지 않을까?"

 앗, 이것은 우리 가게만의 전략이었는데 그렇게 큰 소리로 말씀하시다니……. 뭐, 괜찮아. 선생님 칭찬 한 마디에 힘이 불끈 솟았거든.

 "맞아. 텔레비전에서 광고를 보고 나면 물건을 사고 싶잖아."
 "모르던 제품이었는데 광고를 보고 알게 된 적도 있고."
 "우리 집 현관에 붙어 있던 전단지를 보고 치킨을 시켜 먹은 적이 있는데 그것도 광고지? 우리도 전단지를 만들어 붙일까?"

 다른 친구들도 여러 아이디어를 내기 시작했어. 역시 무엇이든 널리 알리는 광고(廣告)의 힘은 대단하다니까!

 30분쯤 흘렀을까? 선생님께서 우리를 둘러보시며 말씀하셨어.

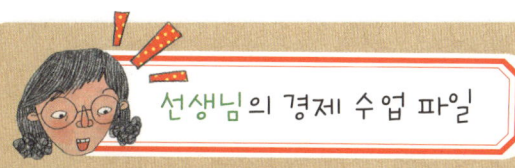 선생님의 경제 수업 파일

합리적인 소비

우리들의 경제 활동에는 큰 책임이 뒤따릅니다. 경제 활동 자체가 선택의 문제이고, 선택에 따른 결과는 고스란히 자신의 것이 되기 때문이지요. 소비에 앞서 가장 먼저 생각해야 하는 것은 내가 가지고 있는 돈이 얼마인지, 그 물건이 나에게 꼭 필요한 것인지 꼼꼼히 따져 보는 것입니다. 지금 당장 배가 고프다는 이유로 먹을거리를 필요 이상으로 많이 사거나 광고만 보고 구입을 결정한다면 합리적인 소비라고 할 수 없습니다.

필요한 물건이라고 판단이 되었을 때는 같은 물건이라도 더 좋은 가격이나 더 나은 품질의 것을 고르기 위해 정보를 수집하는 노력이 필요합니다. 또한 어릴 때부터 용돈의 쓰임에 대한 용돈기록장을 작성함으로써 불필요한 소비를 줄이는 습관을 갖는 것도 좋습니다.

앞으로 여러분은 수많은 경제적인 선택의 길에 서게 될 것이고, 정해진 소득 안에서 최고 또는 최선의 만족감을 얻을 수 있는 합리적 선택을 해야 할 거예요. 그 때마다 기억하세요. '이것은 나에게 꼭 필요한 물건인가?'

합리적인 선택, 합리적인 소비는 성공적인 경제 생활의 기본이라고 할 수 있다.

"이제 어느 정도 준비가 된 것 같구나. 시장을 열기에 앞서 몇 가지 주의 사항을 알려 줄게. 첫째, 손님에게 물건을 팔고 돈을 받은 다음에는 반드시 영수증을 발급해야 해. 영수증을 통해 물건을 사고파는 사람 모두가 돈의 흐름을 정확히 알 수 있거든. 교환과 환불을 위해서도 꼭 필요하단다. 둘째, 판매 장부를 기록하렴. 손님에게 영수증을 발급할 때 판매 장부에 얼마짜리를 몇 개 팔고, 얼마나 돈을 받았는지 써 놓아야 나중에 이윤을 계산할 수 있을 테니까. 셋째, 돈에 대한 관리와 책임은 너희들 자신에게 있다는 것을 꼭 기억해."

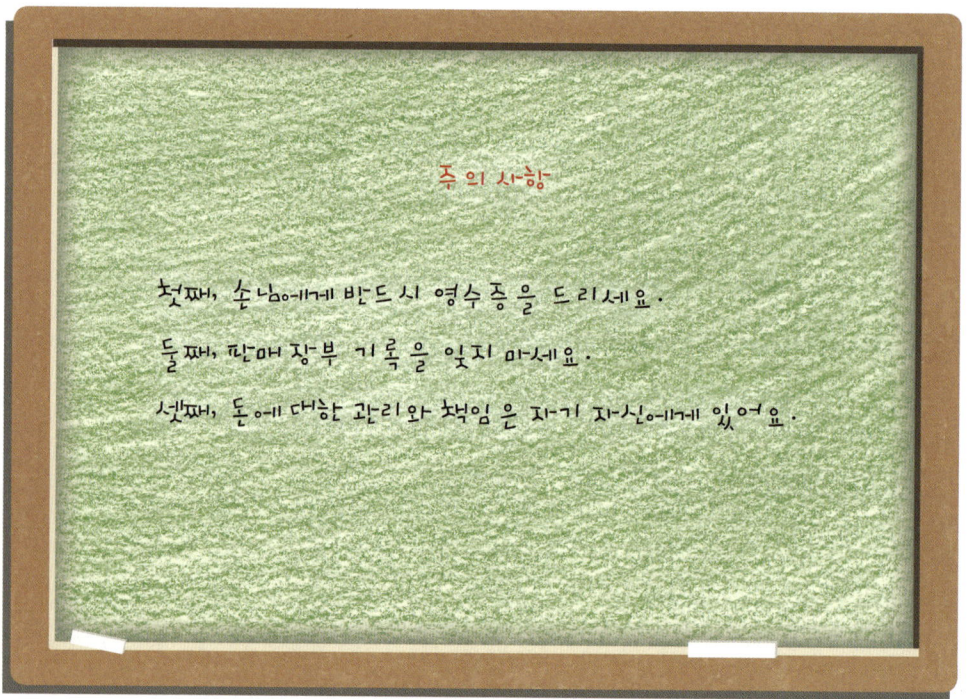

나는 선생님 말씀을 빠짐없이 머릿속에 담았어. 구름 나라 시장에서 꼭 성공을 거두고 말 테다! 하고 각오를 다지면서 말이야.

딩동 딩동.

구름 나라 시장이 열린다는 걸 알리는 소리가 울리고 드르륵 교실문이 열렸지. 우리 모두의 눈동자는 동시에 교실문을 향했어. 그런데 교장 선생님과 교감 선생님, 그 뒤를 이어 4학년 담임 선생님들이 들어오시는 거 아니겠어? 이럴 수가! 예상치 못한 손님에 우리 모두 바짝 긴장했어. 선생님들 뒤로 몇몇 다른 반 친구들도 들어오기 시작했어. 손님들의 손에는 우리 반 담임 선생님께서 미리 나누어 준 10하늘이 들려 있었지.

"여기는 무엇을 파는 가게인가요?"

멍하니 있는 사이 '진정 캐릭'에 첫 번째 손님, 교감 선생님이 오셨어. 그동안 손님이 가게에 오면 어떻게 맞이해야 할까 수없이 고민하고 연습까지 했는데도 엄청 떨리는 거 있지. 나는 심호흡을 깊게 한 번 하고 밝은 목소리로 말했어.

"저희는 캐리커처를 그려 드리는 가게입니다. 원하는 표정과 자세를 취하시면 디지털 카메라로 사진을 찍은 후 그림을 그려 드려요. 이 번호표를 잘 보관하고 계시다가 그림을 찾으러 오실 때 보여 주시면 되요. 여기 그림들 보이시죠? 저희가 그린 캐리커처예요. 믿고 맡겨만 주세요!"

아니, 내 입에서 이런 말이 술술 나오다니! 첫 번째 손님을 정말 놓치기 싫었나 봐. 내 말솜씨가 통했는지 교감 선생님께서는 흔쾌히 4하늘을 내셨어.

"오호, 제법 솜씨도 있고 장사 수완 일을 꾸미는 재주도 좋구나! 좋아, 멋지게 한 장 부탁한다."

벌써 4하늘을 벌다니, 정말 신기하고 놀라웠어. 선생님께서 알려 주신 대로 교감 선생님께 영수증을 써 드리고, 판매 장부도 기록했지. 수입은 나보다 꼼꼼한 진수가 관리하기로 했고.

"여기 앉으세요. 사진 찍어 드릴게요. 번호표는 여기 있습니다."

"녀석들, 제법이구나."

우리는 멋진 웃음을 지으시는 교감 선생님의 사진을 찍었어. 그 뒤로도 '진정 캐릭'에는 10명이 넘는 손님이 다녀갔고, 나와 진수는 영수증 발급하랴, 판매 장부 기록하랴, 손님들의 거스름돈을 챙기랴 정말 정신없이 바빴지.

그런데 갑자기 한 쪽에서 시끌시끌한 소리가 들렸어.

"저 가게에는 과일 꼬치 하나에 2하늘인데 여기는 3하늘이네? 꼬치 재료도 모양도 비슷해 보이는데."

그러고 보니 왼쪽 과일 꼬치 가게에만 손님이 많더라고. 가격이 더 싸서 그런가 봐. 나 같아도 맛과 재료가 비슷한 과일 꼬치라면 더 싸게 파

는 가게에 갈 거야. 오른쪽 가게도 이대로 안 되겠다 싶었는지 과일 꼬치 가격을 2하늘로 내렸어. 그러자 신기하게도 손님들이 두 가게에 골고루 나누어 졌지.

"자, 시장을 닫기까지 10분이 남았습니다."

담임 선생님께서 손목시계를 보더니 큰 소리로 말씀 하셨어. 정신없이 바쁘다 보니 시간이 어떻게 가는 줄도 몰랐네? 벌써 끝날 시간이 다 되었나 봐. '진정 캐릭'의 판매 장부를 보니 우리가 발급한 번호표는 25

번까지였어. 생각보다 많이 팔려서 기분이 정말 좋았어. 하지만 25장의 캐리커처를 그려야 한다니 걱정이 되기도 해. 역시 돈 벌기는 어려워. 앞으로는 부모님께서 주시는 소중한 용돈을 함부로 쓰지 않고 꼭 필요한 곳에 써야겠다고 생각했어.

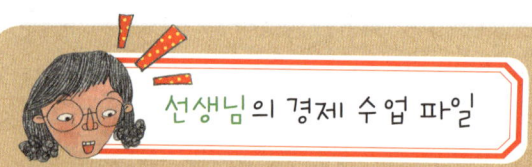 선생님의 경제 수업 파일

수요와 공급에 따른 가격 결정

수요는 물건을 사고 싶은 마음 또는 그 물건의 양을, 공급은 물건을 팔고 싶은 마음 또는 그 물건의 양을 가리킵니다. 이러한 수요와 공급의 만남에 따라 물건의 가격이 정해지지요. 즉, 물건을 사고 싶은 사람(수요자, 소비자)과 팔고 싶은 사람(공급자, 생산자) 중 어느 쪽이 더 많은가, 또는 더 적은가에 따라 가격이 결정되지요.

수요자가 공급자보다 많으면 물건의 가격은 올라갑니다. 왜냐하면 수요자들이 정해진 물건을 두고 경쟁하게 되면 그것을 본 공급자들은 가격을 올려서 더 큰 이익을 보려고 하기 때문이에요. 반대로 공급자가 더 많아지면 공급자들끼리 가격을 내려 수요자에게 물건을 팔기 위한 경쟁을 하게 되지요.

예를 들어 사과 농사가 잘 되지 않은 해에는 사과의 공급량이 적기 때문에 사과 가격이 올라갑니다. 특히 추석이나 설처럼 차례를 지내야 하는 때에는 품질이 좋은 사과의 가격이 더욱 많이 올라가지요. 하지만 사과 가격이 너무 오르면 이를 조절하기 위해 나라에서는 그동안 창고에 모아두었던 사과를 시장에 내놓아요. 공급량을 늘리는 것이지요. 그러면 자연스럽게 사과의 가격이 내려갑니다. 수요자가 선택할 수 있는 사과가 더욱 많아졌기 때문이에요.

이렇듯 가격은 수요자나 공급자 어느 한 쪽으로만 유리하게 움직이는 것이 아니라 둘 사이의 균형을 맞춰 가며 정해지는 것이랍니다.

 ## 불량품 신고

　우리들의 구름 나라 시장은 성공적으로 끝났어. 선생님과 우리들은 시장을 정리하며 사업 결과를 결산 일정한 기간 내의 수입과 지출을 계산하는 일 하기로 했어. 나와 진수도 '진정 캐릭' 사업을 결산했지. 그런데 이게 웬일! 판매 장부와 번 돈, 가게를 준비하는 데 사용한 비용을 모두 따져 보니 60하늘이나 되는 이윤이 남은 거야. 진수와 나는 신이 나서 하이 파이브를 했어. 나 정말 사업가 기질이 있는 게 아닐까?

번 돈: **100**하늘

비용

디지털 카메라 1일 대여권: **4**하늘
연필깎기 10회 쿠폰 2장: **4**하늘
도화지 30장: **15**하늘　　　　　**40**하늘
연필 2자루: **4**하늘
지우개 1개: **1**하늘
연습장 1권: **2**하늘
가게 자리: **10**하늘

남은 돈: 이윤(번 돈-비용)= **60**하늘

진수와 나는 가게를 여는 데 투자한 돈이 같았기 때문에 60하늘을 똑같이 30하늘씩 나눠 가졌어. 두둑한 지갑을 보니 사업을 하며 복잡했던 돈 관리, 쉴 새 없이 캐리커처를 그리느라 아픈 팔 등 힘들었던 일들이 싹 잊혀지는 것 같았어. 그때 담임 선생님의 차분한 목소리가 들렸어.

"안타까운 소식이 있구나. 4학년 2반에서 온 한 손님이 구름 나라 시장에서 산 팔찌가 불량품이라는 신고를 했거든. 팔찌의 재료가 되었던 구슬에 날카로운 부분이 있어서 손목이 긁혔다고 하던데, 소현아, 확인해 봤니?"

선생님께서는 팔찌 가게를 했던 소현이에게 물어보셨어.

"네. 자세히 보니 구슬에 매끄럽지 않은 부분이 있었어요. 그래서 팔찌를 환불해 주고 제대로 확인하지 못한 것을 사과했어요. 손님도 사과를 받아 줬고요."

또박또박 말하고는 있지만 언제나 당당한 반장 소현이의 얼굴이 무척이나 어두워 보였어. 정성 들여 만든 팔찌인데 이런 문제가 생겼으니 속이 상할 만도 하지.

"그래. 잘 해결되었다니 정말 다행이다. 소현이가 문제를 솔직하게 인정하고 환불해 주었기에 순조롭게 해결되었구나. 실제로도 소비자가 자신이 산 상품에 대해 만족하지 못하는 '소비자 문제'가 꽤 많이 생긴단다."

소비자의 권리

국가에서는 다음과 같은 소비자 권리를 법으로 정해 놓아 생산자와 소비자의 올바른 경제 활동을 돕습니다.
첫째, 소비자가 구입한 상품에서 발생하는 문제에서 보호받을 권리
둘째, 소비자가 상품을 사용하며 생긴 피해에 대해 보상받을 권리
셋째, 소비자가 상품을 선택하는데 필요한 정보를 제공받을 권리
넷째, 소비자가 상품에 대한 장소, 상표, 가격 등을 자유롭게 선택할 권리

소비자의 책임

권리 뒤에는 항상 책임도 따르는 법! 소비자는 다음과 같은 책임도 가집니다.
첫째, 가격과 품질을 따져 상품을 올바르게 선택할 책임
둘째, 상품을 안전하게 사용할 책임
셋째, 불필요한 소비를 하지 않을 책임
넷째, 소비에 필요한 정보를 습득하기 위해 노력할 책임

생산자의 책임

생산자도 자신의 역할에 충실할 수 있도록 다음과 같은 법을 정해 놓아 책임을 강조하고 있습니다.
제조물 책임법: 만들어진 상품에 대한 책임을 소비자보다 생산자가 더 지게 하는 법
리콜 제도: 문제가 있는 상품에 대해 생산자가 소비자에게 이를 알리고, 그 상품을 거두어 수리, 교환, 환불해 주는 제도
유통 기한 표시제: 상품이 안전하게 유통될 수 있는 날짜를 상품에 표시하는 제도
원산지 표시제: 상품이나 상품의 재료가 생산된 곳을 표시하여 소비자에게 알려주는 제도

소비자 문제 해결

소비자는 구입한 상품에 문제가 생기면 가장 먼저 구입한 대리점이나 제조사에 연락을 해서 문제 해결을 위해 노력해야 합니다. 그럼에도 문제가 해결되지 않는다면 한국 소비자원의 '소비자 분쟁 조정 위원회'의 도움을 받을 수 있고, 마지막 수단으로 소송을 통해 법원에서 재판을 받을 수도 있어요.

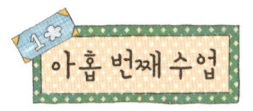 ## 세금은 꼬박꼬박

또다시 구름 나라 국기가 걸렸어. 오늘은 어떤 경제 공부를 하게 될까? 선생님께서는 우리를 쭉 둘러보시더니 입을 여셨어.

"오늘은 지금까지 여러분이 거둔 소득에 대해 세금을 걷을까 하는데."

세금? 세금이라면 우리가 애써 번 돈을 내야 한다는 말씀인 건가?

"너희는 구름 나라 국민의 신분으로 국가의 보호 안에서 일을 해서 소득을 얻었으니 그에 맞는 세금도 내야지."

선생님 말씀을 듣고 보니 맞는 것 같기도 해. 우리 엄마께서 세금을 낼 때마다 '대한민국의 국민으로서 세금을 낸다'고 하셨거든. 그렇게 낸 세금이 모여 도로, 공원, 도서관, 경찰서, 군대, 소방서, 학교처럼 국민 모두를 위한 공공시설을 만들고 유지하는 일에 쓰거나 경제적으로 어려움을 겪는 사람들을 돕기도 한댔어. 내가 학교에서 선생님과 친구들을 만나 즐거운 경제 공부를 하는 것도 모두 국민들이 낸 세금 덕분일 거야.

"그럼 얼마나 내야 하나요? 저는 가진 돈도 별로 없단 말이에요."

성환이가 시무룩한 표정으로 말했어. 성환이는 이번 구름 나라 시장에서 마술쇼 공연을 했는데 소득이 영 신통치 않았거든. 선생님께서는 안심하라는 듯 웃으며 말씀하셨어.

 "소득에 대한 세금, 즉 소득세는 번 만큼 내는 것이란다. 많이 번 사람은 많이 내고, 조금 번 사람은 조금 내는 것이지. 실제로 우리나라에서는 소득이 매우 많은 사람들에게 더 많은 세금을 내도록 하는 누진 세율 제도를 운영하고 있어."

 많이 번 사람은 많이 내고, 조금 번 사람은 조금 내는 세금. 멋진 생각인 것 같아. 사실 내가 '진정 캐릭'으로 돈을 벌 수 있었던 것은 나 혼자 잘해서가 아니라 선생님께서 구름 나라 시장을 열어 주시고, 다른 친구들이 모두 사고파는 활동을 열심히 했기 때문이니까. 많이 번 사람으로서 구름 나라에 힘을 더 보태야지.

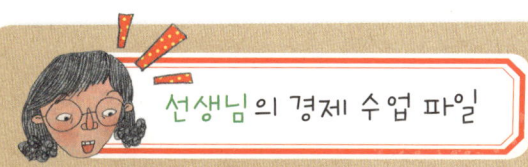
선생님의 경제 수업 파일

직접세와 간접세

세금은 크게 직접세와 간접세로 나누어요.

직접세는 세금을 내야 하는 사람과 실제로 내는 사람이 같은 세금을 말합니다. 대표적인 직접세로는 소득세가 있어요. 소득세의 경우, 돈을 번 사람이 자신의 소득에 맞는 세금을 내니까 대표적인 직접세라고 할 수 있지요. 또한 집이나 땅 등을 샀을 때 내는 취득세, 부모님께 물려받은 재산에 대해 세금을 내는 상속세 등도 대표적인 직접세랍니다. 즉 직접세는 개인의 경제적 상황, 소득이 많고 적음에 따라 금액이 다릅니다.

그럼 간접세는 어떨까요? 대표적인 간접세인 부가 가치세를 살펴봅시다. 부가 가치세는 재화와 용역의 생산과 유통 단계 중 생겨나는 가치들에 대해 내는 세금인 만큼 최종적으로 재화와 용역을 선택한 소비자가 내야 하는 세금이에요. 하지만 개인마다 세금 처리를 하기 어렵기 때문에 가게 주인이나 회사가 물건 값에 세금을 포함시켜 대신 걷고 있답니다. 부가 가치세는 보통 재화와 용역 가격에 약 10% 정도를 차지하는데 예를 들어 우리가 9,900원짜리 티셔츠를 구입한다면 티셔츠 값 9,000원과 부가 가치세 900원이 들어 있다고 봐야 하는 것이지요. 결국 간접세는 재화와 용역을 소비하는 사람의 경제적인 상황과 상관없이 누구나 똑같이 내야 하는 세금이랍니다.

사회적인 의미로 봤을 때 누구나 똑같이, 자신도 모르는 사이에 내게 되는 간접세보다는 개인의 경제적인 상황에 따라 다르게 내는 직접세의 비율이 높아야 건강하고 투명한 경제 사회라고 할 수 있습니다.

용돈 관리 잘 하는 방법, 그것이 알고 싶다!

초등학교에 들어갈 즈음이 되면 많은 부모님이 자녀의 경제 교육 방법의 하나로 '정해진 용돈 주기'를 한다. 용돈을 주는 부모님의 마음은 단 하나, '나의 자녀가 돈을 소중히 여기고 바르게 쓰는 습관을 들였으면 좋겠다'는 것이다. 용돈처럼 정해진 돈을 받아 정해진 기간만큼 돈을 써 보는 경험은 매우 값진 것이며 좋은 경제 교육 방법이기도 하다.

그런데 부모님이 주는 용돈에는 불로소득 일하지 않고 번 돈 이라는 커다란 함정이 있다. 어렵게 번 돈이 아니다 보니 용돈 관리에 소홀해지기 쉬운 것이다. 부모님이 자녀에 대한 사랑과 책임감으로, 자녀의 교육을 위해 소득의 일부를 용돈으로 사용하시는 만큼 받은 용돈을 올바르게 사용해야 한다. 그렇다면 용돈 관리를 잘하기 위한 방법에는 어떤 것이 있을까?

STEP 1. 예산 세우기

용돈을 어떻게 사용할 것인지 계획하는 단계이다. 저축은 얼마나 할 것인지, 군것질을 하는 데 얼마나 쓸 것인지, 가족이나 친구의 생일 등 특별한 일은 없는지 점검하며 예산 필요한 비용을 미리 계산함. 또는 그 비용 을 세워야 한다. 가장 중요한 것은 저축에 대한 예산을 먼저 세운 다음, 남은 돈으로 소비에 대한 계획을 세워야 한다는 것이다. 모을 돈을 미리 생각하지 않으면 과소비를 하기 쉽다.

STEP 2. 용돈 사용하기

예산 안에서 절약하며 용돈을 사용하여야 한다. 용돈을 사용하기에 앞서 꼼꼼한 소비를 위해 노력해야 하는 것은 당연하다. 특히 예산을 정했다고 해서 그 안에서 실컷 사용하기보다는 절약을 위한 목표를 세우는 것이 좋다. 예를 들어, '매달 조금씩 용돈을 남겨 6개월 안에 얼마 모으기' 등 혼자만의 목표를 세우면 절약의 재미를 느낄 수 있을 것이다.

STEP 3. 결산하기

용돈을 예산에 맞게 사용하였는지 점검하는 단계이다. 목표한 기간 동안 얼마나 썼는지, 얼마나 모았는지, 다음번 용돈을 어떻게 사용하면 좋을지, 필요 없는 물건을 사지는 않았는지 되돌아보는 것이 좋다.

부모님이 가계부를 통해 가정 경제를 관리하듯, 초등학생들도 용돈 기입장을 활용해 알뜰살뜰 용돈을 관리하면 어른이 되었을 때 자신의 경제 상황을 관리하는 데 큰 도움이 될 것이다. 하지만 무엇보다 중요한 것은 일과 돈에 대한 소중함, 올바른 경제 생활에 대한 마음을 갖는 것이 아닐까?

누구의 권리와 책임일까?

아래 문장을 읽고 소비자의 권리는 '소권', 소비자의 책임은 '소책', 생산자의 책임은 '생책'이라고 적어 보세요.

1 상품을 안전하게 사용해야 해요.

2 상품을 사용하며 생긴 피해에 대해 보상 받을 수 있어요.

3 상품을 사용하며 생긴 피해에 대해 보상 받을 수 있어요.

4 가격과 품질을 따져 상품을 올바르게 선택해야 해요.

5 상품을 선택하는데 필요한 정보를 제공 받을 수 있어요.

6 상품이나 상품의 재료가 생산된 곳을 표시해야 해요.

① 소책 ② 소권 ③ 소권 ④ 소책 ⑤ 소권 ⑥ 생책

4장
데굴데굴 돈 굴리기

경제성장

열 번째 수업   저축은 경제 발전의 힘

  나의 경제 활동은 계속되었어. 잊은 건 아니지? 근로 소득을 얻기 위한 1인 1역 말이야. 바뀐 것이 있다면 그사이 나는 대걸레 당번이 되어 하루 3하늘, 일주일에 15하늘이나 벌었지. 대걸레 당번 일은 힘들지만 돈을 모으는 재미가 얼마나 쏠쏠한지 몰라. 그렇다고 세금을 잊은 건 아니야. 열흘에 한 번씩 우리 모두가 정한 비율에 따라 성실하게 세금도 납부했지.

  선생님께서 알려 주신 합리적인 소비 방법을 생각하며 여러 가지 쿠폰을 사 보기도 했어. 2하늘짜리 '급식 먼저' 쿠폰을 사서 우리 반에서 1등으로 급식을 받기도 하고, 5하늘짜리 '일일 자유 짝꿍' 쿠폰을 사서 좋아하는 여자아이랑 같이 앉기도 했지. (히힛, 이건 비밀이야! 좋아해서 짝이 된 게 아니라 다른 이유가 있는 척 했단 말이야.)

"우리가 구름 나라에서 경제 활동을 시작한지도 벌써 석 달이 다 되어 가는구나. 그동안 노동을 통해 또는 사업을 통해 많은 돈을 모았으리라 생각해. 물론 사업이 신통치 않았거나 물건을 사는 데 돈을 너무 많이 쓴 사람은 가진 돈이 별로 없겠지?"

나는 선생님의 말씀을 들으며 우리 반 친구들의 표정을 한번 둘러보았어. 꾸준히 돈을 모아 뿌듯해 보이는 친구가 있는가 하면 사업에 실패했던 친구나 돈을 계획 없이 사용한 친구들의 표정은 우울해 보였지. 표정 속에 정말 다양한 경제 사정이 들어 있더라고.

"선생님, 그런데 돈은 쓰거나 모으기만 하나요?"

현아가 물었어. 현아의 지갑에는 구름 나라 화폐가 한 가득 들어 있어서 겉보기에도 들고 다니기 불편해 보였지.

"그렇지 않단다. 돈은 다양하게 활용될 수 있어. 부모님께서 어떻게 하시는지 한번 생각해 보렴."

선생님의 말씀이 끝나기 무섭게 우린 저마다 한마디씩 했어.

"은행에 저축하세요."

"주식을 사세요."

맞아, 생각해 보니 우리 부모님께서도 월급날이 되면 꼭 얼마만큼의 돈을 은행에 저축하시더라고. 또 저녁 뉴스에 나오는 주식 소식을 들으시며 오늘은 올랐군, 떨어졌군, 하고 말씀하시는 것도 들었어.

"너희들이 방금 말한 것처럼 돈을 단순히 지갑 속에 넣어 두는 것이 아니라 은행이나 주식 투자 등을 통해 돈을 불리기도 한단다. 은행의 경우, 일정 기간 동안 저축하면 이자_{돈을 빌린 사람이나 돈을 맡은 금융 기관이 그 대가로 지급하는 돈}를 주거든."

은행은 참 인심도 좋은 곳이야. 어디서 돈이 나서 저축을 한 사람에게 이자를 주는 걸까?

"은행에서 저축한 사람에게 이자를 줄 수 있는 이유는 저축을 통해 은행에 모인 돈을 사람이나 기업에 빌려주는 대가로 이자를 받기 때문이란다. 빌려준 대가로 받은 이자 중 일부를 저축한 사람에게 다시 돌려 주는 거지."

아, 그렇구나. 내가 저축한 돈이 그것을 필요로 하는 누군가에게로 가고, 그 대가로 이자를 받는 거구나!

선생님께서는 우리가 저축을 많이 하면 할수록 개인이나 기업이 빌릴 수 있는 돈이 많아지게 되고 다양한 사업 투자에 쓰이기 때문에 경제를 발전시키는 힘이 된다고 하셨어.

"저축은 하면 할수록 좋은 거네요. 나는 이자를 받고 돈이 부족한 사람은 돈을 빌릴 수 있고."

내 뒤에 앉아 있던 민기의 말에 선생님은 고개를 살짝 끄덕이며 대답하셨어.

"그렇지. 하지만 저축을 잘하기 위해서는 저축 상품에 대한 정보를 잘 알고 선택해야 해. 돈을 모으는 목적이나 자신의 경제 상황에 맞는 상품

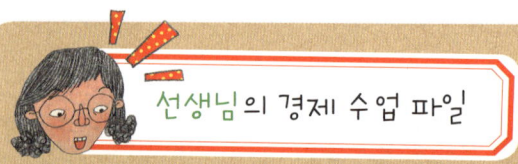
선생님의 경제 수업 파일

저축의 종류

저축은 정해진 기간과 돈을 모으는 방법에 따라 보통 예금, 정기 적금, 정기 예금으로 나눌 수 있어요.

1. 보통 예금 : 원하는 때에 원하는 만큼 돈을 저축하고 찾아 쓸 수 있어요. 은행의 입장에서 볼 때 안정적으로 돈이 들어오는 저축이 아니기 때문에 이자를 제일 조금 지급합니다.

2. 정기 적금 : 약속한 기간 동안 매달 일정한 액수의 돈을 저축하는 형태입니다. 미리 모으고 싶은 액수를 정하고 매월 같은 날에 같은 금액의 돈을 저축하는 거예요. 약속한 날짜가 되었을 때 그동안 모은 돈과 이자를 한꺼번에 받게 됩니다.

3. 정기 예금 : 정기 적금과 같이 일정 기간 동안 은행에 돈을 저축해 놓는 것은 같지만 매달 조금씩 돈을 맡기는 것이 아니라 한번에 많은 돈을 은행에 맡긴다는 점에서 차이가 있습니다. 큰돈을 일정 기간 동안 은행에 두기로 약속하는 것이기 때문에 정기 적금보다 이자가 많습니다. 하지만 정기 적금과 정기 예금 모두 약속한 기간을 다 채우지 못하면 이자를 제대로 받지 못해요.

이 따로 있거든. 저축 상품에 대한 다양하고도 정확한 정보를 모으는 것이 매우 중요하지."

나는 문득 아빠가 샀다는 주식이라는 게 뭔지 궁금했어. 그래서 손을 번쩍 들었지.

"선생님, 주식이 뭐예요?"

"주식이란 회사를 설립하는 데 필요한 자본 사업의 기본이 되는 돈 을 마련하기 위해 발행한 증서로 그 회사에 대한 권리와 의무를 가리킨단다. 사람들이 주식 회사의 주식을 사면 주식 회사는 자본을 마련하게 되는 것이고 주식을 가진 사람들은 그 회사의 이익이나 손실을 나눠 갖게 되지."

"주식을 사면 재미있을 것 같아요. 주식을 갖고 있으면 경제에 대한 관심도 많이 생길 것 같고요."

내 말에 선생님께서는 미소를 지으며 대답해 주셨어.

"주식은 저축과 조금 달라. 대부분의 저축은 법에 따라 일정한 금액을 보호받을 수 있어서 비교적 안전하지만 주식은 그렇지 않아. 큰 이익을 거둘 수도 있고 큰 손실을 볼 수도 있어. 나중에 어른이 되어 주식에 대해 충분히 공부한 후에 해 봐도 늦지 않으니까. 지금은 은행에 저축하는 방법부터 배우는 게 어떨까?"

선생님께서는 '은행에 보통 예금 통장 만들기'를 과제로 내 주셨어. 사실 나는 아직 통장이 없어. 그래서 학교가 끝난 뒤 엄마와 은행에 가서 보통 예금 통장을 만들기로 했지. 이번 기회에 차근차근 돈을 모으는 방법도 배우고 말이야!

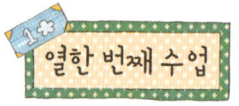 ## 미래를 대비하는 보험

선생님의 확실한 설명 덕분이었을까? 우리 반 아이들 모두가 자기 이름으로 된 보통 예금 통장을 학교에 가져왔어. 나처럼 과제로 만든 아이도 있고 예전부터 통장을 가지고 있던 아이도 있었지.

"지금 여러분이 가지고 있는 통장이 미래의 어떤 목적을 위해 필요한 것이라면 미래에 생길 수 있는 위험과 재난에 대비하는 수단도 있단다. 바로 보험이지."

나도 보험에 대해 들어본 적이 있어. 작년 여름, 장염에 걸려 5일 동안 병원에 입원한 적이 있었는데 엄마께서 보험사에서 치료비를 받았다고 하셨거든. 선생님께서는 암이나 질병에 걸렸을 때 그 치료비를 주는 건강 보험, 건물에 불이 났을 때 보상금을 주는 화재 보험, 자동차 사고가 났을 때 피해 금액을 지원해 주는 자동차 보험에 대해 설명해 주셨어. 일부 사람들의 이야기지만 자신의 신체 중 정말 소중히 간직하고 싶은 부분에 대한 보험을 드는 경우도 있대. 성악가의 목소리, 축구 선수의 발과 다리처럼 말이야! 만약 내 신체 중 일부에 대해 보험을 들 수 있다면 어디를 들어야 할까? 음, 아무래도 손에 대한 보험을 들어야겠지? 왜냐하면 멋진 그림을 그리는 데 가장 큰 역할을 하는 부분이 바로 손이니까!

"그럼, 지금 구름 나라 국민들에게 가장 필요한 건 무엇일까? 은행에 저축하기, 증권 회사에서 주식 사기, 보험 회사에 가입하기!"

에이~ 그 정도야 당연히 알죠! 초등학생에게 가장 적당한 그것.

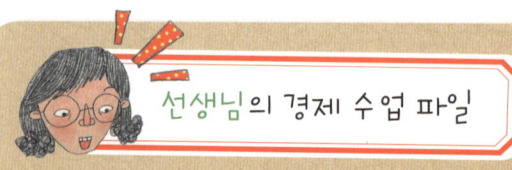

선생님의 경제 수업 파일

돼지 저금통의 유래

돼지 저금통은 집에서 손쉽게 돈을 모을 수 있는 수단입니다. 그런데 저금통의 많고 많은 모양 중 왜 돼지가 저금통의 상징이 되었을까요?

돼지 저금통의 유래는 두 가지가 전해 집니다.

중세 시대에 유럽 사람들은 'pygg'라고 불리는 찰흙으로 만든 항아리 'pygg jar'에 동전을 모으던 습관이 있었는데 그것이 훗날 'piggy jar'라고 철자가 바뀌며 돼지(piggy)의 의미가 생긴 것으로 보고 있습니다.

다른 하나는 미국 캔자스 주의 윌버라는 소년이 자신이 받은 3달러의 용돈으로 새끼 돼지를 사서 키워 포동포동 살이 오르자 다시 팔아 번 돈으로 한센병 환자를 도운 데서 시작됐다고 해요. 윌버를 보고 주변 사람들도 돼지를 키우기 시작해 실제로 한센병 환자를 치료하는 데 사용했다고 합니다. 이 사실이 지역 신문을 통해 널리 알려지자 사람들은 돼지 모양의 저금통을 만들어 어려운 사람들을 돕기 시작했고 이것이 돼지 저금통의 유래가 되었다는 것입니다.

어떤 것이 진짜 유래이든지 돼지 저금통은 우리 생활 가까이에서 손쉽게 돈을 모을 수 있는 중요한 수단이라는 사실은 변하지 않아요.

"은행에 저축하기요!"

우리 반 모두는 한목소리로 대답했어. 그날부터 우리는 구름 나라 보통 예금 통장을 만들었어. 은행 관련 업무는 선생님께서 해 주시기로 했지. 이제는 구름 나라 돈이 생겼을 때 지갑 속에만 넣는 것이 아니라 안전하게 은행에 돈을 보관하면서 차곡차곡 이자도 받는다고 생각하니 정말 기뻤어. 나는 앞으로 힘들게 번 돈을 함부로 쓰지 않고 저축을 먼저 하기로 다짐했어.

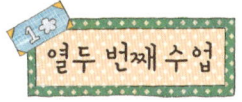 ## 돌고 도는 돈

벌써 열두 번째 시간이야. 그동안 우리 반에는 많은 변화가 있었어. 모두들 자신의 물건에 이름을 써 놓아 잃어버리지 않고 오래 사용하기로 했어. 그러다 보니 분실물 보관함에 가득 쌓였던 주인 잃은 학용품들도 사라졌고 학급의 화장지 같은 공용 물품을 아껴 쓰는 습관도 생겼지. 돈을 깨끗하게 사용하거나 아껴쓰는 것도 올바른 경제 습관이지만 돈을 주고 산 소중한 물건을 함부로 사용하지 않는 것도 마찬가지 아니겠어?

선생님께서는 지갑을 열더니 빳빳한 새 지폐를 꺼내셨어.

"얘들아, 이게 무엇인지 아니?"

"만 원짜리 지폐요. 새 돈 같은데요?"

지윤이가 눈을 반짝이며 말했어.

"제대로 봤네. 이건 만 원짜리 새 지폐야. 선생님이 조금 전 은행에서 바로 찾아왔지."

한국은행

"은행에 가면 새 지폐를 주나요?"

"그럼. 새 지폐를 받고 싶으면 헌 지폐를 가지고 은행에 가거나 아니면 창구에서 통장에 있는 돈을 새 지폐로 찾으면 돼."

은행에는 새 돈이 쌓여 있는 걸까? 아님 은행에서 새 돈을 만들어 내는 걸까?

"우리나라의 화폐 생산을 책임지는 곳이 어디라고 배웠더라?"

"한국은행이요!"

아휴, 깜짝이야. 역시 민기 목소리는 우리 반 최고라니까.

"딩동댕! 맞아. 한국은행은 우리나라의 중앙은행이기 때문에 얼마 만큼의 화폐를 언제, 어떻게 발행화폐 등을 만들어 세상에 내놓음할 것인지 결정할 수 있어. 그다음에 한국조폐공사에 화폐를 만들 것을 지시하고 한국조폐공사는 지시대로 화폐를 생산해서 한국은행에 전달해. 그러면 한국은행에서 각 은행의 필요에 따라 적절히 화폐를 나누어 주는 거야."

"그럼 한국은행이 우리나라의 최고 은행이네요."

"그래서 한국은행을 '은행들의 은행'이라고 부르기도 한단다."

선생님께서는 한국은행에 있는 화폐 박물관에 가면 화폐의 역사에 대해 알 수 있다고 하셨어. 다음에 부모님과 꼭 한번 가 보고 싶어. 돈이 어떻게 만들어져 세상 구석구석을 돌아다니는지 알 수 있을 테니까.

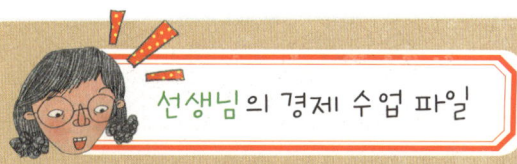

세계의 은행 IMF

IMF는 국제통화기금(International Monetary Fund)의 줄임말입니다. 국제통화기금에 가입한 회원국들의 경제 발전과 소득 증대, 자원 개발을 위해 노력하는 기구로 1947년 3월부터 업무를 시작하였습니다.

특히 회원국이 다른 나라에서 빌린 돈을 갚지 못하는 어려움이 생겼을 때 기금_{어떤 목적이나 사업에 쓸 기본 자금}을 빌려 주어 경제 위기를 극복할 수 있도록 도와줍니다. 도움을 받는 회원국은 그에 대한 대가로 국제통화기금에 이자를 내는 것은 물론, 경제 위기 극복을 위한 국제통화기금의 다양한 요구에 성실히 따라야 하지요.

우리나라도 1997년 11월 21일, 다른 나라에서 빌린 돈을 갚지 못하여 국제통화기금에 도움을 요청하였고 국제통화기금에서 요구하는 강력한 조치들을 실시하겠다고 약속한 적이 있습니다. 결국 부실한 기업들이 정리되었고 그 사이 국민들은 직장을 잃기도 하였으며 높은 대출 이자에 시달리는 등 큰 고통을 겪었습니다. 하지만 많은 국민들이 금 모으기 운동, 절약과 저축 다양한 방법으로 국가 경제를 살리기 위하여 노력한 결과 2001년 8월 23일에 국제통화기금에서 빌린 돈을 모두 갚을 수 있었습니다.

돈의 유통 과정

돈은 어디서 만들어지고 우리 손에 들어오기까지 어떤 과정을 거칠까요?

한국조폐공사
화폐를 만들어요.

한국은행
만들어진 화폐를 보관하거나 정부나 은행에 돈을 빌려 주어요. 손상된 화폐는 폐기해요.

발행 ↓ ↑ 환수

지급 ←
→ 수납

민간
경제 활동을 해요.

금융 기관
돈을 맡아 주거나 돈이 필요한 사람에게 돈을 빌려 주어요.

발행: 화폐를 만들어 세상에 내놓음
환수: 도로 거두어들임
지급: 돈이나 물품을 내줌
수납: 돈이나 물품을 거두어들임

한국은행이 하는 일

한국은행이 하는 일은 크게 네 가지로 나누어 살펴볼 수 있습니다.

하나. 화폐 발행
한국은행은 우리나라 화폐 '원'의 발행과 관리 업무를 해요.

둘. 은행의 은행
우리가 이용하는 은행은 일반 은행이고, 일반 은행들이 저축과 대출을 하는 곳이 바로 한국은행이에요.

셋. 정부의 은행
국가 정부가 개인과 기업으로부터 받은 세금이나 나라의 돈을 맡아두는 역할을 해요.

넷. 통화 정책 수립
금융통화위원회라는 기구를 통하여 이자율을 결정하기도 하고 통화량 즉, 얼마나 많은 돈이 우리 경제에 쓰이는 지와 물가 등에 대한 정책을 결정해요.

한국은행

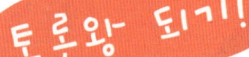

소비가 더 중요할까, 저축이 더 중요할까?

우리는 어릴 때부터 저축의 중요성에 대해 배운다. 어린 자녀가 설날 세뱃돈을 받거나 친척이나 주변 어른께 용돈을 받을 때면 부모님은 '저축'을 해야 한다며 자녀의 용돈을 챙기시기도 한다. 그렇다면 소비는 어떨까? 돈을 쓰는 일, 즉 소비는 저축보다 중요하지 않은 일일까?

한 나라의 경제에 대한 정책을 다루는 사람들이나 경제 현상을 분석하고 경제에 대한 이론을 연구하는 전문가들도 소비와 저축 중 어떤 것에 더 중점을 둬야 하는지 늘 의견이 분분하다. 따라서 주어진 경제 상황에 따라 소비와 저축 중 하나를 더 강조하기도 한다. 그런데 사실 소비와 저축의 관계를 들여다보면 그 둘은 하나의 풍선 안에 든 공기와도 같다. 풍선에 공기를 잔뜩 넣고 한 쪽을 꾹 누르면 다른 한 쪽이 부풀어 오른다. 풍선이 터질까 봐 다른 쪽을 누르면 이번에는 또 다른 쪽이 부풀어 오르며 원래 모습과는 다른 모습이 되어 버린다. 소비와 저축도 마찬가지이다.

한 가정이 소득은 일정한데 절약을 하여 소비를 줄이고 저축을 늘린다고 생각해 보자. 가정의 돈은 은행에 모이게 되고 은행은 기업에게 그 돈을 빌려줄 것이다. 그러면 기업은 돈을 빌려 기계를 사고, 연구를 할 것이며 이를 통해 새로운 제품을 내놓을 수 있다. 하지만 문제는 지금부터이다. 기업이 새로운 제품을 내놓았는데 그것을 구입할 수요가 없다. 왜냐하면 사람들은 소비를 줄여 저축을 하고 있기 때문이다. 결국 제품을 팔지 못한 기업은 은행에 빚을 지게 될 것이고 어려워진 상황 때문에 문을 닫거나 근로자를 해고하게 될 것이다. 그러면 그 근로자가 속한 가정의 소득이 사라져 은행에는 돈이 모이지 않을 것이고 결국 기업은 더 이상 돈을 빌릴 수 없게 된다. 가정, 기업 모두 큰 고통을 맛보게 되는 것이다. 이렇게 되면 결국 국가도 세금을 걷기 어려워져 전체적인 침체_{일이 잘 진전되지 않음}에 빠져 버리고 만다.

그럼 저축보다 소비를 열심히 하는 것이 좋을까? 가정이 소비를 늘리면 기업은 순간적으로 많은 이윤을 얻을 수 있다. 하지만 가정의 돈은 한정되어 있다. 지나친 소비로 인해 가정 경제가 어려워지면 더 이상의 소비는 어려워진다. 설상가상 은행에 저축해 놓은 돈마저 없다면 기업은 돈을 빌릴 수도 없는 더욱 심각한 상황에 맞닥게 된다. 풍선 속 공기처럼 일부러 어느 한 쪽을 급격히 줄이거나 늘리고, 과도하게 조절하려고 하면 문제가 생기고 마는 것이다.

저축은 매우 중요하다. 소비도 중요하다. 하지만 소비와 낭비는 다르다. 돈을 헛되이 사용하는 것은 낭비지만, 철저한 계획과 판단에 따라 돈을 사용하는 것은 바른 소비이다. 가정, 기업, 국민이라는 경제의 주체가 톱니바퀴처럼 맞물려 부드럽게 돌아가기 위해서는 소비와 저축이 적절히 조화를 이루어 윤활유 역할을 해 주어야 한다.

돌고 도는 돈

우리가 사용하는 돈은 어디서 만들어져 어떤 과정을 거쳐 우리 손에 들어올까요?
본문을 잘 읽고 빈칸을 채워 보세요.

한국은행
❶

❷
돈을 만든다.

❸
돈을 맡아주거나 돈이 필요한 사람에게 돈을 빌려 준다.

민간(시장)
경제 활동을 한다. 은행으로 돌아온 돈은 상태에 따라 폐기 여부가 결정 된다.

정답
❶ 돈을 만들고 헌 돈을 새 돈으로 바꿔주며 폐기 여부를 결정한다. ❷ 조폐공사 ❸ 일반 은행

5장

구름 나라, 무역을 시작하다

공정무역

열세 번째 수업   무역을 해 볼까?

"너희 소문 들었어? 1반도 우리처럼 나라를 만들어서 경제 공부한대."
소식통 미혜의 말에 우리 반 모두는 술렁이기 시작했어.
"우리 반만 하는 거 아니었어? 1반도 한다는 건 몰랐는데."
"뭐야, 왜 따라 하는 거야?"
나는 왠지 우리만의 특별한 보물을 도둑맞은 것처럼 속이 상했어. 그때 우리의 이야기를 듣고 계시던 선생님께서 하하 웃음을 터뜨리셨지.
"오히려 잘된 일 아닐까? 경제에 있어 중요한 개념 중 하나가 바로 '협력'이니까."
선생님께서는 우리 각자가 학급 일을 나누어 하는 것도 협력이고, 다양한 가게를 여는 시장도 협력, 모두가 조금씩 내는 세금도 협력이라고 하셨어. 그러고 보니 경제 활동은 혼자서는 할 수 없는 것 같아. 모두가 자기 역할을 열심히 하면서 서로 도움을 주고받은 덕분에 지금의 구름 나라 경제가 돌아가는 거니까. 그래도 나는 이해할 수 없는 것이 있었어.

"1반이 경제 나라 공부를 하는 것과 우리가 무슨 상관이 있어요?"

"예를 들어 볼까? 여기 자동차 나라와 쌀 나라가 있다고 생각해 보자. 자동차 나라는 광물 자원이 풍부하고 철과 기계를 다루는 기술력이 뛰어나서 자동차에 관해서는 세계 1등이지만 땅이 험준하고 메말라 벼농사를 거의 짓지 못해. 그에 반해 쌀 나라는 풍부한 강수량과 뜨거운 햇볕 덕분에 쌀 수확량이 많지. 하지만 오랫동안 농사만 지어서 자동차를 생산할 수 있는 기술력을 갖추지 못했어. 이럴 때 자동차 나라와 쌀 나라는 어떤 선택을 할 수 있을까?"

선생님의 물음에 우리는 곰곰이 생각에 잠겼어. 어떻게 하면 좋을까?

"자동차 나라도 땅이 없는 것은 아니니까 땅을 일구어서 농사를 지으면 되잖아요."

미혜의 말에 나도 동의했어.

"맞아요. 쌀 나라도 자동차 생산 기술을 배우고 공장을 지으면 되고요."

"그러면 시간이 너무 오래 걸리잖아. 땅을 일굴 수는 있겠지만 그만큼 자동차 나라 사람들은 자동차 생산을 못할 테고 말이야."

반장 소현이의 말에 우리는 다시 생각에 잠겼어. 그때 내 머리 속에

'협력'이란 단어가 번뜩 떠올랐지.

"아하! 자동차 나라는 자동차를 열심히 생산하고, 쌀 나라는 쌀을 열심히 생산해서 서로 주고받는 게 더 좋겠어요."

나의 말에 선생님께서는 깜짝 놀란 표정을 지으셨어.

"그렇지!"

다른 친구들도 나를 보며 감탄하는 표정이었지. 으흠, 경제 공부를 열심히 한 보람이 있군.

"실제로 세계 여러 나라들이 정한이의 말처럼 무역을 하고 있단다. '무역'이란 나라 간에 재화와 용역을 사고파는 일, 즉 수입과 수출을 가리켜. 대부분의 나라들이 자동차 나라의 자동차, 쌀 나라의 쌀처럼 자신들이 좀 더 자신 있는 즉, '비교 우위'에 있는 재화와 용역을 다른 나라에 팔고(수출), 부족한 것을 사는(수입) 거지. 그러면 비용과 시간은 물론 자원까지 절약하게 되고 이것이 바로 합리적인 선택, 경제적인 활동이 되는 거야."

그렇구나. 그래서 바나나는 날씨가 더운 필리핀에서, 양털 부츠는 양을 많이 키우는 호주에서, 장난감은 공장과 일할 사람이 많은 중국에서 수입하는 거구나. 그럼 우리나라가 다른 나라에 수출하는 것에는 무엇이 있을까?

"원유나 원목, 석탄, 철광석 등 풍부한 자연 자원을 수출할 수 있는 나

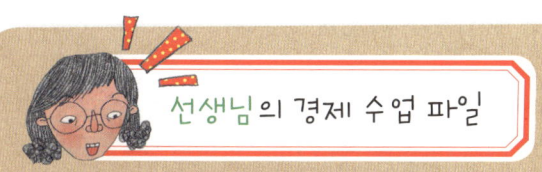

보호 무역과 자유 무역, WTO와 FTA

1929년 미국에서는 주식의 가격이 폭락하여 주식에 투자한 사람들이 하루 아침에 빈털터리가 되고 많은 은행과 기업이 문을 닫는 경제대공황이 발생했습니다. 미국은 이 혼란에서 벗어나기 위해 여러 정책을 내놓는데 그중 하나가 '보호 무역'입니다. 보호 무역은 자기 나라의 산업을 보호하기 위해 수출은 되도록 많이, 수입은 되도록 적게 하는 무역 정책입니다. 이로 인해 세계 여러 나라들이 서로 사지도 않고 팔지도 않는 정책을 실시하여 그 후 10여 년의 시간 동안 독일, 영국, 프랑스 등 수많은 나라들도 대공황의 어려움에 빠지게 되었습니다.

이러한 사태를 겪으며 사람들은 보호 무역의 한계를 깨달았고, 1948년 조세_{국가나 지방 단체가 국민으로부터 걷는 돈}와 무역에 대한 일반 협정인 GATT(General Agreement on Tariff and Trade)를 맺으며 자유 무역_{국가가 간섭을 하지 않는 무역}을 위한 노력을 기울였습니다. 하지만 이 협정은 강제성이 부족하였기 때문에 1995년 WTO 즉, 세계 무역 기구(World Trade Organization)를 설립하여 국가 간 안정적인 자유 무역을 하도록 하였습니다.

FTA(Free Trade Agreement)는 협정을 맺은 두 나라 간의 보다 강력한 자유 무역 약속입니다. FTA를 맺은 나라끼리는 수입품에 관세_{수입품에 붙이는 세금}를 전혀 붙이지 않거나 매우 적게 붙입니다. 이 경우 비교 우위에 있는 산업은 물건을 팔 수 있는 시장이 커져 수출이 늘어난다는 장점이 있지만 반대로 경쟁력이 낮은 산업은 문을 닫게 될 수도 있지요.

WTO나 FTA 모두 자유 무역을 통해 소비자는 질 좋은 제품을 싸게 사고 생산자는 기술력과 생산력을 발전시켜 전 세계가 경제 발전을 이룬다는 목적을 가지고 있습니다. 그러나 경제 선진국 위주의 정책 수립으로 후진국들이 경제 식민지가 될 수도 있다는 매우 위험한 단점도 가지고 있답니다.

라들도 있지만 안타깝게도 우리나라는 자연 자원이 부족해. 그래서 제품을 만들기 위한 대부분의 자연 자원을 수입해서 쓰고 있단다. 한국 전쟁이 끝난 1950년대와 1960년대는 특별한 기술력이 없는 가난한 농업 국가였기 때문에 수출을 거의 하지 못했어."

나는 가난한 우리나라를 상상할 수가 없었어. 선생님은 계속 말을 이어 가셨어.

"하지만 경제 발전을 위해 노력한 덕분에 1970년대에는 가발, 섬유, 신발 등 경공업 제품을 수출하게 되었고 기술력이 발전하면서 1980년대에는 철강, 기계, 전자 제품을, 1990년대에는 자동차, 선박 등의 중공업 제품을 수출하게 되었지. 지금은 세계 최고의 반도체와 첨단 IT기술을 활용한 스마트폰, 고급 가전제품까지 수출하는 세계 6위의 무역 강대국이야(2019, 국제연합 무역 개발 회의). 특히 첨단 기술이 모두 담긴 스마트폰의 경우, 2019년 세계 시장 점유율 22%을 차지하며 세계 최고의 제품으로 인정받았단다. 가발부터 스마트폰에 이르기까지 100년도 안 되는 짧은 시간동안 굉장한 경제 성장을 이룬 것이지."

선생님의 설명을 들으며 나는 가슴이 벅차오르는 느낌이 들었어. 우리나라가 세계에서 인정받는 나라라는 것도, 가난한 나라에서 이렇게 발전하게 된 것도 정말 대단한 일이잖아!

"그럼 우리도 1반과 무역을 하면 어떨까요?"

　민기의 말에 우리 모두는 박수로 답했어. 우리끼리만 하지 말고 1반과 무역을 하면 정말 재미있을 것 같았거든. 선생님께서는 1반 선생님과 무역에 대해 상의해 보신다고 하셨어. 와우, 정말 기대된다!

 은하수 나라 등장!

　1반과의 무역을 위한 우리의 작업이 시작됐어. 세계적인 흐름에 맞춰 우리도 자유 무역을 준비했지. 먼저 우리 반 한 번, 1반 한 번 시장을 열어서 서로의 제품을 사 보기로 했어.

우리는 먼저 구름 나라의 비교 우위 제품을 정했어. 꽤 오랜 토의 끝에 사업에서 성공을 거두었던 과일 꼬치와 어깨 주무르기 사업, 그리고 나의 캐리커처 사업이 비교 우위 제품으로 정해졌지. 기쁘기도 했지만 구름 나라를 대표한다는 생각에 부담도 되더라고. 비교 우위 제품에 선정되지 못한 친구들은 많이 섭섭해 했지만 우리 반이 좀 더 잘 하고 자신 있는 사업을 성공시키는데 함께 힘을 모으기로 했어. 그래야 구름 나라 모두의 성공일 테니까!

"1반 '은하수 나라'의 비교 우위 제품은 떡볶이, 네일 아트, 종이접기라는구나. 실제 무역은 경제적인 이익을 위해서 하는 것이지만 우리는 무역이 어떤 것인지 느껴 보기 위해 하는 것이니까 너무 부담 갖지 말고 즐겁게 참여하도록 하자."

언제나 그렇듯 선생님은 우리를 따뜻하게 격려해 주셨어. 그때 반장 소현이가 질문했어.

"선생님, 그런데 은하수 나라에서 구름 나라 돈을 써도 되나요?"

그러고 보니 내가 가지고 있는 돈은 구름 나라 지폐 밖에 없는데 은하수 나라에서도 쓸 수 있는 걸까?

"무역을 할 때 여러 나라의 화폐를 한꺼번에 사용한다면 불편하겠지. 그래서 사람들은 세계에서 가장 많이 쓰는 달러를 기준으로 사용하기도 하고, 무역하는 나라와 자신의 나라의 화폐 교환 비율 즉, 환율에 따라 화폐를 교환해서 쓰기도 해. 예를 들어 달러와 우리나라 화폐 원의 환율이 '1달러=1,200원'이라면 이것은 1달러가 우리 돈 1,200원과 가치가 같다는 뜻이지."

선생님의 말씀을 듣고 보니 내 머리 속에 기억 하나가 떠올랐어.

"선생님, 지난 겨울에 해외로 가족 여행을 갔었는데 엄마와 은행에 가서 원을 달러로 바꾼 적이 있어요. 그때 사용된 게 환율인 거죠?"

"맞아. 환율은 무역을 할 때만 쓰이는 게 아니라 해외 여행처럼 개인적으로 다른 나라의 돈이 필요할 때도 사용된단다. 이렇게 돈을 바꾸는 것을 환전이라고 하는데 가까운 은행에 가서 약간의 수수료만 내면 쉽게 할 수 있어."

환율 은하수 나라 10별 = 구름 나라 1하늘

그렇구나. 또 하나 배웠어. 무역 시장을 위해 선생님께서는 소현이와 현아에게 환전 업무를 맡기셨어. 나도 하고 싶었지만 일단 사업이 먼저니까 참기로 했지. 환전 업무를 하는 두 사람을 제외한 사람들은 비교 우위 사업에 골고루 참여하기로 했어.

무역 시장은 경제 공부 경험이 많은 우리 구름 나라에서 먼저 열렸어. 환전소에 들러 환전을 하는 1반 아이들을 보는데 처음 시장을 열고 사업을 했을 때처럼 가슴이 쿵쾅쿵쾅 어찌나 떨리던지! 그래도 침착하게 거래 장부, 영수증, 번호표 등 준비물을 챙기며 손님을 맞을 준비를 했지. 1반의 두 아이가 '진정 캐릭' 앞에 멈춰 서더니 캐리커처 작품을 보며 이야기했어.

"정말 잘 그렸다. 내가 좋아하는 연예인 얼굴도 그려줄 수 있어?"

"그럼! 여기 그림처럼 얼굴에서 가장 특징적이고 예쁜 부분을 더욱 신경 써서 그려 줄게."

나는 첫 시장 때 교감 선생님께 그랬던 것처럼 열심히 설명했어. 마침내 그 아이들은 좋아하는 연예인의 캐리커처를 맡기기로 했지. 나는 돈을 받은 후 번호표 1번과 영수증을 건네 주며 말했지.

"원래는 너희가 연예인 사진을 나에게 줘야 하지만 첫 손님이니까 내가 직접 멋진 사진을 찾아서 그려 줄게."

나의 사업 수완과 그림 솜씨가 1반에도 통했어. 나의, 아니 구름 나라의 진정 캐릭 사업은 대성공을 거뒀거든! 왁자지껄 구름 나라의 무역 시장이 끝나고 그 다음 시간에 우리는 1반의 무역 시장에 갔어.

1반에도 우리 반처럼 경제 나라 국기가 걸려 있었어. 알고 보니 우리 선생님의 경제 수업을 보신 1반 선생님께서 같은 방식으로 경제 수업을 해 보고 싶다고 하셨대. 우리 선생님은 다른 반 수업 방식까지 변화시키는 정말 대단하신 분이신 것 같아. 그런 선생님의 제자라고 생각하니 어찌나 뿌듯하던지!

　1반에 가 보니 선생님 말씀대로 떡볶이, 네일 아트, 종이접기 가게가 있었어. 나도 환전소에 들러 쓰고 싶은 만큼의 하늘을 별로 바꾼 후, 시장을 둘러보았어. 구름 나라에도 떡볶이, 네일 아트 가게가 있었는데 1반의 비교 우위 제품들이 훨씬 좋아 보였어. 특히 떡볶이 가게에는 손님이 바글바글했어. 나도 줄을 서서 기다린 끝에 사 먹어 봤는데 우리 엄마표 떡볶이만큼 맛있더라고!

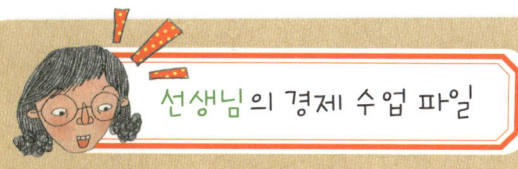
선생님의 경제 수업 파일

유로화

27개의 유럽 나라들의 공동체인 유럽연합(EU, European Union)의 공용 화폐인 유로화(€)는 7종의 지폐와 8종의 동전으로 이루어져 있어요. 유럽에서는 유로화라는 공통된 화폐를 사용하면서 환율과 환전에 대한 고민이 사라지게 되었고 이를 통해 서로 간의 무역과 이동이 활발해지고 이익이 증가하면서 투자가 크게 늘어나는 성과를 거두었지요. 하지만 유로화에 관한 정책을 유럽중앙은행이 담당하면서 각 나라의 경제 상황에 맞는 화폐 정책이나 금리 정책을 실시하지 못하여 경제 위기에 빠지는 나라가 생기기도 했어요. 유로화가 유럽연합의 화폐라고 해서 유럽연합의 모든 나라가 유로화를 쓰는 것은 아니랍니다. 유럽연합에 가입한 27개의 나라 중 유로화를 쓰는 나라는 프랑스, 이탈리아, 독일, 네덜란드, 스페인, 오스트리아, 벨기에, 포르투갈, 룩셈부르크, 그리스, 핀란드, 아일랜드, 시프리스, 에스토니아, 라트비아, 리투아니아, 몰타, 슬로바키아, 슬로베니아 등 모두 19개의 나라예요.

그날은 정말 행복한 날이었어. '진정 캐릭'을 1반에도 널리 알릴 수 있었고 그만큼 돈을 많이 벌었을 뿐만 아니라 1반의 맛있는 떡볶이와 멋진 종이접기 작품도 살 수 있었거든. 무역은 참 좋은 것 같아. 우리에게 보다 넓은 시장을 열어 주고 다양한 제품을 만날 수 있게 해 주니까.

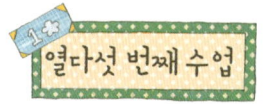 착한 무역, 공정 무역

또다시 구름 나라 국기가 걸렸어. 그런데 이번에는 좀 특별했어. 그 옆에는 '전국 어린이 경제 캠프'라는 글씨가 새겨진 연두색 티셔츠도 함께 걸려 있었거든. 선생님께서 가져오신 티셔츠일까?

"이 티셔츠는 공정 무역 티셔츠란다. 너희 중 한 명에게 선물로 줄 거야."

"공정 무역? 그게 뭐예요?"

나는 그 연두색 티셔츠가 정말 마음에 들었어. 공정 무역이 무엇인지 아는 사람에게 주시려는 걸까?

"공정 무역이란, 윤리적 소비의 한 가지 방법이야. 어렵게 들리겠지만 제품을 생산한 사람에게 제대로 된 대가를 지불하자는 것이지. 공정 무역의 대표적인 제품인 커피를 예로 들어 이야기해 보자. 커피를 생산하는 기업들은 엄청난 자본력과 기술력으로 많은 양의 커피를 생산해서 소비자들에게 팔아. 기업 입장에서는 경쟁력을 갖추기 위해 커피를 싸게 팔아야 하는데 그 방법 중 하나가 바로 커피의 재료인 원두를 싸게 사는 거야. 기업이 원두를 싸게 사면 어떤 문제가 생길까? 원두 농장 주인은 그곳에서 일하는 노동자들의 일당 하루에 일한 대가로 주는 보수을 줄일 수밖에 없겠지. 정작 커피 생산에 있어 꼭 필요한 원두를 생산하는 노동자들이 가장 큰 피해를 보게 되는 거야. 열심히 일하지만 계속 가난할 수밖에 없어."

"아하! 그래서 제대로 일당을 준 농장과 기업의 커피를 사는 거예요?"

"그래, 맞아. 제대로 된 일당을 받는 노동자들이 재배하고 수확한 커피를 사는 거야. 그리고 기업의 이윤을 줄이거나 유통 단계를 줄여서 커피 가격이 많이 오르지 않도록 하는 거지. 그래야 커피를 마시는 소비자도, 커피를 생산하는 기업과 노동자도 모두 행복해지니까. 이것이 바로 공정 무역이란다."

"그럼, 저 티셔츠도 만든 사람들에게 제대로 일당을 준 거겠네요."

"그럼! 티셔츠 생산을 위해 섬유를 만드는 노동자는 물론 섬유를 만드는 실을 잣는 노동자, 실을 만드는 재료인 목화를 재배하는 농민 모두에게 제대로 된 대가를 준, 진정한 공정 무역 티셔츠란다. 기업의 이윤만 생각하지 않고 이 옷을 입는 사람의 건강까지 생각해서 천연 염색을 했으니 더욱 귀한 티셔츠이지."

선생님 말씀을 들으면 들을수록 정말 멋진 티셔츠라는 생각이 들어. 내가 입을 수 있다면 얼마나 좋을까?

"이 티셔츠가 중요한 또 하나의 이유는 바로 여기에 있어."

선생님께서는 티셔츠에 새겨진 '전국 어린이 경제 캠프'라는 단어를 가리키셨어.

"우리 반에서 추천받은 한 명이 이 티셔츠를 입고 어린이 경제 캠프에 갈 수 있거든."

와! 우리 모두는 일제히 손을 들고 선생님을 향해 '저요, 저요.' 손을 흔들었어. 나도 마찬가지였어. 절대 포기할 없다고!

"선생님, 반장 선거 때처럼 우리 반을 대표해서 경제 캠프에 갈 사람을 뽑아요."

역시 모든 상황을 정리하는 건 반장 소현이라니까. 나를 포함해서 구름 나라 경제에 큰 이바지를 한 3명이 친구들의 추천을 받아 후보에 나가게 됐어. 선생님께서는 경제 캠프에 가야 하는 이유, 목표 등을 친구들 앞에서 발표할 기회를 주셨어. 드디어 내 차례가 되었지.

"제가 어린이 경제 캠프에 가고 싶은 이유는 단 하나입니다. 제가 구름 나라에서 배운 많은 경제 지식과 지혜를 경제 캠프에 온 다른 친구들과 나누고 싶습니다. 담임 선생님께서 우리와 1반 선생님께 경제 공부가 중요하고 재미있다는 것을 알려 주셨던 것처럼 저도 경제 캠프에 가서 그런 역할을 하고 싶습니다. 또 그곳에서 배워 온 것을 구름 나라 친구들과 함께 나누겠습니다."

 결과가 어떻게 되었냐고? 이 이야기의 시작처럼 나는 친구들의 지지 덕분에 우리 반 대표로 어린이 경제 캠프에 가게 됐어. 그리고 열심히 참여해서 '어린이 경제왕'까지 되었지!

 이제 나의 경제 공부 이야기를 정리할 때가 되었구나. 나는 아직 경제 지식이 부족해서 선택을 할 때마다 고민이 많아. 문구점에서 학용품을 사거나 슈퍼에서 간식을 고르면서 어떤 것이 경제적으로 합리적인 선택일까 고민하지만 과연 제대로 된 결정을 한 건지 헷갈릴 때가 많거든. 하지만 무엇보다 중요한 것은 내가 만족할 수 있는 경제적인 선택을 위해 고민하고, 또 이를 위해 끊임없이 경제에 관심을 가지고 생활하는 자세 아닐까? 자꾸 틀리고 어려워도 처음 엄마에게서 말을 배우는 아기처럼 경제에 대해 계속 고민하고 배워 나간다면 언젠가 나도 경제적 마음가짐과 지식을 가진 멋진 어른이 될 수 있을 거라 믿어. 그날까지 선생님, 친구들과 함께했던 구름 나라의 추억들을 소중하게 간직할 거야.

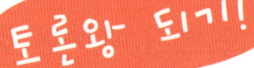

아라비아와 무역을 했던 신라

『삼국유사』속 신라 제 49대 왕인 헌강왕 시절의 이야기에는 신비로운 인물 '처용'이 등장한다. 『삼국유사』에 따르면 처용은 동해 용의 일곱 아들 중 하나로 헌강왕을 도우라는 아버지의 명에 따라 서라벌로 간다. 처용은 춤과 노래가 매우 뛰어났는데 달밤이면 거리에 나와 이를 뽐냈다고 한다. 이러한 모습은 춤과 노래를 좋아했던 헌강왕을 기쁘게 하였고 덕분에 벼슬과 아름다운 아내를 얻을 수 있었다. 처용의 아내는 매우 아름다워 전염병을 마을에 퍼뜨리는 '역신'마저도 탐을 내었는데 이를 본 처용이 춤과 노래를 통해 슬퍼하자 '역신'이 크게 놀라 용서를 빌며 도망가 버렸다. 그때부터 사람들은 처용의 그림을 집에 붙이면 전염병을 물리칠 수 있다고 믿기 시작하였다.

처용의 정체에 대해서는 용을 모시는 무당이었다, 혹은 지방 호족의 아들이었다 등의 다양한 주장이 있다. 하지만 그 중에서도 가장 흥미로운 추측은 처용이 아라비아에서 온 상인이라는 것이다. 『삼국유사』에서 헌강왕이 동해 용과 처용 등 그 가족을 처음 만난 곳은 지금의 경북 울주군 지역인데 당시 그곳은 커다란 항구였다. 비슷한 시기의 아라비아 상인들은 바닷길을 통해 중국, 인도, 동남아시아 등과 무역을 하고 있었는데 신라도 항구를 열어 중국과 무역을 하고 있었다는 것을 생각해 볼 때 아라비아 상인들이 신라의 큰 항구에 도착했다고 추측할 수 있다. 무섭게 생긴 외모와 복색을 가진 처용이 아라비아인일 가능성이 있는 것이다. 특히 경주 괘릉통일신라시대 원성왕릉에 있는 무인석왕이나 왕비의 무덤 앞에 세우는 사람 모양의 석상이 우리의 모습과는 다른 큰 체격과 코, 곱슬곱슬한 콧수염 등 아라비아 사람과 비슷한 모습으로 표현된 점은 이를 뒷받침해 주는 증거로 볼 수 있다.

실제로 지금의 울산은 신라 시대 국제 무역항이었고 활발할 국제 무역이 펼쳐지고 있었다. 울산항을 오갔던 상인들은 당나라와 일본뿐만이 아니라 더 먼 곳, 아라비아에서 오기도 했다. 아라비아 상인들은 비단, 유리그릇, 보석, 향료 등을 들고 들어와 주로 귀족들을 상대로 팔았다. 헌강왕 시대는 신라가 매우 부유했고 국제 무역도 활발하게 일어났다. 여러가지 상황을 살펴볼 때 처용이 아라비아 상인이었다는 상상은 터무니없어 보이진 않는다. 그렇다면 처용은 어떻게 먼 이국땅에서 신라에 자리를 잡고 벼슬까지 받을 수 있었을까? 또 다른 이야기를 친구들과 함께 상상해 보는 건 어떨까?

낱말 퀴즈

아래 보기에 해당하는 용어를 아래 낱말퍼즐에서 찾아보세요.

보기
1. 무역하는 나라와 자신의 나라의 화폐 교환 비율
2. 자기 나라의 재화와 용역을 다른 나라에 파는 일
3. 자기 나라의 산업을 보호하기 위해 수입을 제한하는 무역 정책
4. 국가가 아무런 간섭을 하지 않는 무역
5. 국가 간 동등한 위치에서 이루어지는 무역으로, 제품을 생산한 사람에게 제대로 된 대가를 지불하는 윤리적 소비의 한 방법

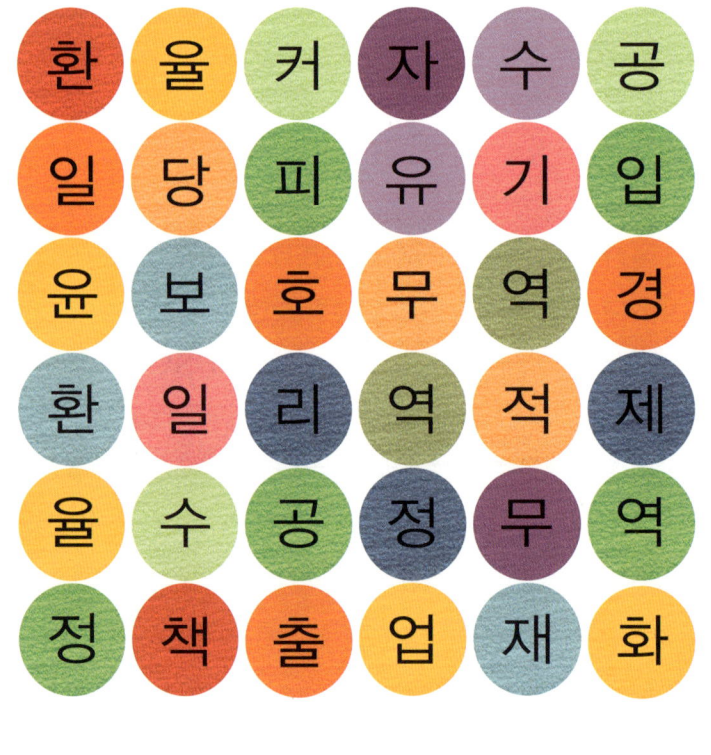

환	율	커	자	수	공
일	당	피	유	기	입
윤	보	호	무	역	경
환	일	리	역	적	제
율	수	공	정	무	역
정	책	출	업	재	화

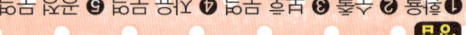

경제 관련 사이트

한국은행 어린이 경제마을 www.bok.or.kr
경제교육 카테고리에서 온라인 학습을 보면, 기본적인 경제 관련 용어나 읽을거리를 소개하고 만화나 플래시, 동영상 등 다양한 형식으로 재미있게 경제 기초를 다질 수 있게 하였습니다.

어린이·청소년 경제교실 kids.mosf.go.kr
우리나라의 경제 정책, 예산 등을 담당하는 행정기관인 기획재정부에서 운영하는 어린이·청소년 경제 교육 사이트입니다. '현명한 선택', '시장과 가격', '우리집 경제', '기업과 생산' 등 구체적인 메뉴와 이해를 돕는 플래시가 함께 제공되어 경제 공부에 도움이 됩니다. 경제 뉴스와 경제학자 이야기도 볼 수 있어요.

어린이 경제신문 www.econoi.com
어린이를 대상으로 하는 경제신문인 '어린이 경제신문'의 온라인 사이트입니다. 최근 국내 경제 소식뿐 아니라 국제적으로 이슈가 되었던 경제 관련 기사를 읽을 수 있어요. 광고 속에서 찾아 볼 수 있는 다양한 경제 원리를 제공하며 비판적인 시각도 함께 키울 수 있어요.

에듀펀 www.iedufun.co.kr
어린이를 위한 교육 사이트입니다. 동화나 속담 속에 숨어있는 경제 이야기와 경제 관련 뉴스, 경제 용어 사전, 경제 퀴즈 등을 제공하여 우리 생활과 밀접한 경제를 소개하고 재미있게 이해할 수 있도록 합니다.

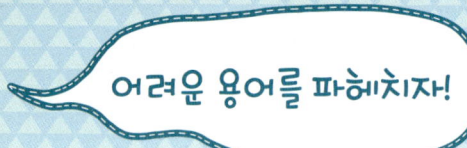

간접세 재화와 용역을 소비하는 사람의 경제적인 상황과 상관없이 누구나 똑같이 내야 하는 세금, 대표적으로 부가 가치세가 있다.

결산 일정한 기간 내의 수입과 지출을 계산하는 일

공급 재화나 용역을 팔고 싶은 마음, 또는 팔려고 하는 상품의 양

공정 무역 국가 간 동등한 위치에서 이루어지는 무역으로, 제품을 생산한 사람에게 제대로 된 대가를 지불하는 윤리적 소비의 한 방법

근로 소득 일을 해서 얻는 소득

기업 생산을 전문적으로 하는 집단

기회 비용 어느 한 가지를 선택하면 포기해야 하는 모든 것 가운데 가장 가치가 있는 것

발행 화폐 등을 만들어 세상에 내놓음

보호 무역 자기 나라의 산업을 보호하기 위해 수입을 제한하는 무역 정책

분업 한 사람이 모든 작업을 하지 않고 단계를 나누어 여러 사람이 분담하는 것

소득 일정 기간 동안 얻은 수입

수요 물건을 사고 싶은 마음, 또는 구입하고자 하는 상품의 양

수입 우리나라에 부족한 재화나 용역을 다른 나라로부터 사오는 일

수출 우리나라의 재화와 용역을 다른 나라에 파는 일

용역 형태를 갖지는 않지만 사람들의 생활에 도움이 되는 활동

이자 돈을 빌린 사람이나, 돈을 맡은 금융 기관이 그 대가로 지급하는 돈

일당 하루에 일한 대가로 주는 보수

자본 사업의 기본이 되는 돈

자유 무역 국가가 아무런 간섭을 하지 않는 무역

재산 소득 갖고 있는 재산을 이용해서 얻는 소득

재화 눈에 보이고 만질 수 있으며 일정한 형태를 지닌 물건

직접세 세금을 내야 하는 사람과 실제로 내는 사람이 같은 세금

화폐 물건이나 서비스를 살 수 있는 지불의 수단, 또는 가치를 정하거나 저장할 수 있는 수단

협업 여러 사람이 힘을 합쳐 일하는 것

희소성 사람들이 원하는 것에 비해 그 물건이 매우 드물고 적은 정도

신나는 토론을 위한 맞춤 가이드

경제에 대한 이야기를 재미있게 읽었나요? 이제 경제 박사가 다 되었다고요? 그 전에 마지막 단계인 토론을 잊지 마세요. 토론을 잘하려면 올바른 지식과 다양한 정보가 바탕이 되어야 해요. 책을 다 읽고 친구 또는 엄마와 함께 신 나게 토론해 봐요!

잠깐! 토론과 토의는 뭐가 다르지?

토론과 토의는 모두 어떤 문제를 해결하기 위해 의견을 나누는 일입니다. 하지만 주제와 형식이 조금씩 달라요. 토의는 여러 사람의 다양한 의견을 한데 모아 협동하는 일이, 토론은 논리적인 근거로 상대방을 설득하는 일이 중요합니다. 토의는 누군가를 설득하거나 이겨야 하는 것이 아니기 때문에 서로 협력해서 생각의 폭을 넓히고 좋은 결정을 내릴 때 필요해요. 반면 토론은 한 문제를 놓고 찬성과 반대로 나뉘어 서로 대립하는 과정을 거치지요.
넓은 의미에서 토론은 토의까지 포함하는 경우가 많습니다. 토론과 토의 모두 논리적으로 생각 체계를 세우고, 사고력과 창의성을 높이는 데 도움을 준답니다.

토론의 올바른 자세

말하는 사람
❶ 자신의 말이 잘 전달되도록 또박또박 말해요.
❷ 바닥이나 책상을 보지 말고 앞을 보고 말해요.
❸ 상대방이 자신의 주장과 달라도 존중해 주어요.
❹ 주어진 시간에만 말을 해요.
❺ 할 말을 미리 간단히 적어 두면 좋아요.

듣는 사람
❶ 상대방에게 집중하면서 어떤 말을 하는지 열심히 들어요.
❷ 비스듬히 앉지 말고 단정한 자세를 해요.
❸ 상대방이 말하는 중간에 끼어들지 않아요.
❹ 다른 사람과 떠들거나 딴짓을 하지 않아요.
❺ 상대방의 말을 적으며 자기 생각과 비교해 봐요.

우리 모두 책임감을 가져요

국가에서는 소비자 권리를 법으로 정해 놓아 소비자를 보호하고 생산자와 소비자의 올바른 경제 활동을 도와요. 하지만 권리 뒤에는 항상 책임도 따르는 법! 소비자는 생산자와 마찬가지로 다양한 책임을 가집니다. 본문을 참고하여 다음 표를 완성시켜 봅시다.

소비자의 책임	생산자의 책임
① 가격과 품질을 따져 상품을 올바르게 선택해야 한다.	①
②	리콜 제도: 문제가 있는 상품에 대해 생산자가 소비자에게 이를 알리고, 그 상품을 거두어 수리, 교환, 환불해 준다.
③	유통 기한 표시제: 상품이 안전하게 유통될 수 있는 날짜를 상품에 표시한다.
소비에 필요한 정보를 습득하기 위해 노력해야 한다.	④

체계적으로 생각하기 2
위조지폐를 찾아내는 방법

텔레비전이나 신문에서 종종 위조지폐가 발견되었다는 소식을 들을 수 있어요. 진짜 지폐와 가짜 지폐를 구분할 수 있는 방법은 없을까요? 아래 기사를 읽고 함께 이야기를 나누어 봅시다.

신사임당·한반도·태극 무늬를 찾아라

한국은행에 따르면 최근 5만 원권 위조지폐가 크게 늘었다. 2012년 1분기 5000원권과 1만 원권 위조지폐는 2011년 1분기 대비 각각 34.0%, 13.1% 줄었다. 반면 2012년 1분기 5만 원권 위조지폐는 82장이 발견됐다. 이는 2009년 6월 5만 원권을 발행하기 시작한 뒤 가장 많은 규모다. 지난해 1분기에 발견된 5만 원권 위조지폐는 3장에 그쳤다. 한국은행 당국자는 "5만 원권은 시중에서 다른 지폐보다 비교적 적게 쓰이고 있어 판별하기 어렵기 때문에 위조지폐가 늘어난 것으로 풀이된다"고 말했다.

그렇다면 5만 원권의 위조지폐 여부는 어떻게 판단할 수 있을까. 김성용 한국은행 발권국 차장은 '비춰 보고', '기울여 보고', '만져 보고'의 3가지 원칙을 명심하면 간단하게 위조지폐인지를 확인할 수 있다"고 조언했다.

구체적으로는 신사임당 초상의 앞면 중 초상이 없는 왼쪽 여백을 빛에 '비춰 보면' 신사임당 초상이 나타난다. 또 앞면 왼쪽의 띠형 홀로그램을 '기울여 보면' 각도에 따라 태극과 한반도 지도 등이 나타나고 지폐 뒷면의 숫자도 자홍색자줏빛을 띤 붉은색에서 녹색으로, 녹색에서 자홍색으로 변한다. 지폐를 '만져 보면' 인물 초상과 문자, 숫자에서 오돌토돌한 감촉을 느낄 수 있다.

동아일보 2012/07/12

1. 5만 원권 위조지폐는 왜 증가했나요?

2. 5만 원권의 위조지폐를 확인하는 3가지 원칙을 찾아 적어 봅시다.

   비춰 보고!

   기울여 보고!

   만져 보고!

3. 기사에서 소개된 내용 외에도 위조지폐를 확인할 수 있는 방법이 있다면 찾아서 적어 봅시다. (본문을 참고해도 좋아요.)

돈을 만드는 데 돈이 들어요!

우리나라 동전을 만드는 데 필요한 재료비는 2012년을 기준으로 연간 550억 원이라고 해요. 이 비용을 계속 사용해야 할까요? 아래 기사를 읽고 동전의 가치에 대해 이야기를 나누어 봅시다.

화폐의 액면 가격 화폐 앞면에 적힌 가격 보다 생산 원가가 비싸다는 이유로 세계 각국의 최소 단위 화폐가 사라지고 있다. 우리 돈 약 10원에 해당하는 1센트짜리 화폐를 없앤 호주, 뉴질랜드, 네덜란드, 노르웨이, 핀란드, 스웨덴에 이어 캐나다도 이 대열에 합류했다.

캐나다 왕립조폐국은 1페니(penny·약 11원) 동전을 만드는 비용이 동전의 가치보다 큰 1.6페니로 연간 적자만 1100만 달러(약 120억 원)에 이르러 발행을 중단한다고 4일 밝혔다. 1858년 영국 왕립조폐국이 처음 발행한 캐나다 1페니는 1908년 캐나다에서 선보였고 현재까지 350억 개가 만들어졌다. 댄 켈리 캐나다 왕립조폐국장은 "동전 주조에 쓰이는 구리 값이 오르고 활용도가 떨어졌다"고 발행 중단 이유를 설명했다. 구리 가격은 2000년 이후 12년 사이에 330% 올랐다.

캐나디에 이어 1센트 퇴출 물러나서 나감 가능성이 높은 국가로 미국이 거론된다. 미 재무부에 따르면 1센트와 5센트 동전 제조에 드는 비용은 각각 2.4센트와 11.2센트로 액면가의 두 배가 넘는다. 한국은 2004년 12월 1원과 5원 동전 발행을 중단했다.

동아일보 2013/02/06

1. 왜 세계 각국의 최소 단위 화폐가 사라지고 있나요?

2. 우리나라의 현재 최소 단위 화폐는 10원입니다. 10원짜리는 재료비가 20.03원이고 만드는 비용까지 합하면 총 40.53원이 든다고 합니다. 하지만 이미 여러 곳에서 사용하거나 필요로 하고 있기 때문에 찍는 것을 중단하기도 쉽지 않아요. 친구들과 10원짜리 동전을 계속 만들어야 하는지에 대해 각자의 근거를 마련해 토론해 봅시다.

| 계속 사용해야 한다. | VS | 없애야 한다. |

3. 동전을 만드는 비용을 절감할 수 있는 방법을 찾아 적어 봅시다.

한 달 용돈 계획표 쓰기

부모님께 받은 용돈을 어떻게 활용하고 있나요? 용돈 계획표를 사용하면 자신의 경제 활동을 한눈에 확인할 수 있고, 용돈을 좀 더 알뜰하게 사용할 수 있답니다. 이번 달 용돈을 어떻게 사용할지 미리 계획을 세워 보아요.

월 용돈 계획표

	내용	금액
수입		
사고 싶은 것		
저축		
총계		

예시 답안

우리 모두 책임감을 가져요

1. 소비자의 책임
 ① 상품을 안전하게 사용한다. ② 불필요한 소비를 하지 않는다.

2. 생산자의 책임
 ① 제조물 책임법: 만들어진 상품에 대한 책임을 소비자보다 생산자가 더 진다.
 ② 원산지 표시제: 상품이나 상품의 재료가 생산된 곳을 표시하여 소비자에게 알려준다.

위조지폐를 찾아내는 방법

1. 5만 원권은 다른 지폐보다 비교적 적게 사용되고 있어 판별하기 어렵기 때문이다.
2. 신사임당 초상의 앞면 중 초상이 없는 왼쪽 여백을 빛에 '비춰 보면' 신사임당 초상이 나타난다. 앞면 왼쪽의 띠형 홀로그램을 '기울여 보면' 각도에 따라 태극과 한반도 지도 등이 나타나고 지폐 뒷면의 숫자도 자홍색에서 녹색으로, 녹색에서 자홍색으로 변한다. 지폐를 '만져 보면' 인물 초상과 문자, 숫자에서 오돌토돌한 감촉을 느낄 수 있다.
3. 5천 원권 앞면에 있는 홀로그램은 보는 각도에 따라 한국 지도, 태극과 5000, 4괘 등 3가지 그림이 번갈아 나타난다. 5천 원권 뒷면에 5000이라는 숫자는 각도에 따라 황금색에서 녹색으로 변한다.

돈을 만드는 데 돈이 들어요!

1. 액면 가격보다 생산 원가가 비싸기 때문이다. 캐나다 왕립조폐국은 1페니 동전을 만드는 비용이 동전의 가치보다 큰 1.6페니로 연간 적자만 1100만 달러(약 120억 원)에 이르러 발행을 중단했다.
2. **계속 사용해야 한다:** 아직까지 대형마트나 은행에서는 동전을 중요하게 사용하고 있다. 10원짜리 동전을 없애기 보다는 어떻게 비용을 절감할 수 있는지 고민해야 한다.
 없애야 한다: 동전은 지폐와는 달리 잃어 버리거나 저금통, 책상 서랍 속에 그대로 버려두기 쉽다. 그만큼 활용도가 낮고 만드는 비용이 많이 들므로 점점 그 수를 줄여 사용하지 않는 게 좋다.
3. 동전을 적극적으로 사용하고 집 구석구석에 숨어 있는 동전을 모아 저축을 하거나 지폐로 교환을 한다.

글쓴이 전혜은

인천의 한 초등학교에서 아이들과 함께 하고 있는 전혜은 선생님은, 경인교육대학교와 동대학원에서 공부하며 초등 경제교육에 관심을 가지기 시작했어요. 어렵고 막막한 경제를 초등학생의 눈높이에서 풀어내기를 좋아하며 사회의 다양한 현상에 대해 순수한 관심과 의문을 품는 어린이들을 사랑한답니다. 그 동안 쓴 책으로는 『영차영차 생산과 산업, 나누어서 척척 분업』, 『손에 잡히는 사회 교과서-경제편』, 『아이스크림은 어디서 왔을까』, 『질문을 꿀꺽 삼킨 사회 교과서-경제편』 등이 있어요.

그린이 김정수

동덕여자대학교 회화과 서양화를 전공했어요. 어렸을 때부터 그림 그리기와 동화책 보기를 좋아했어요. 졸업 후 프리랜서 일러스트레이터로 활동을 시작해 지금까지 기업 사보, 학습 교재, 단행본, 캐릭터 상품 등에 그림을 그리고 있어요. 앞으로도 사람들이 아름답고 행복해지는 그림을 그리고 싶어해요.

초등 과학동아 토론왕 시리즈 ⑪ 돈 나와라 뚝딱! 경제 이야기

- 이 책에 실린 일부 내용은 《과학동아》, 《어린이과학동아》에 게재된 기사를 재인용하였습니다.
- 이 책에 실린 사진은 다음과 같이 기관으로부터 게재 허가를 받았습니다. (가나다 순)
다만 출처를 잘못 알고 실은 사진이 있는 경우 해당 저작권자와 적법한 계약을 맺을 것입니다.

동아일보
위키피디아